JN224452

改訂版

目的志向と目的思考を強化する

ブレイクスルー思考 Ex

――ミッション・ビジョン・バリューを創造する――

松永　譲治 著

増補改訂版に向けて

　VUCA時代と言われて久しく、ビジネスにおいても社会・生活においても私たちの未来はますます予測不可能なものとなってきています。かつてブレイクスルー思考では「過去の延長線上に未来はない」と、やや大胆なメッセージを投げかけましたが、今では誰もがそれを実感しています。

　それでは、この激動・混迷の時代に私たちは「何を拠り所」としてモノゴトに向き合っていけばよいのでしょう？　データにもとづく科学的な考察で「なぜ」を突き止め、人間にとって代わりそうなAIで「どうする」を生成すれば、それでよいのでしょうか？　目指す未来は、主人公である私たち自身の【思いや願望】にもとづき、それを満たすものでなければならないはずです。

**　私達には　「なぜ？どうする？」　の前に　「何のために？どうあるべき？」が問われているのです。**

　では、どのようにして漠然とした私たちの【思いや願望】を明確な「目的」に変換し、目指す「あるべき姿」とそれを実現する【仕組みやシステム】を創り出していけばよいのでしょうか？

　この問いかけについて、学生時代はもちろん社会に出てからも多くの人はそれを学ぶ機会もなく自信がないのが実状です。そこで、私たちにその確かな道筋や考える手順を与えてくれるのがブレイクスルー思考です。これを取り入れることで、あなたは自らの主体性・創造性と確固たる自信をもって、見えない未来や新たな価値を創造し提供することができるようになります。

本書は、自分の考えにもう一つ自信の持てないビジネスパーソンの方、自信をもって周囲にリーダーシップを発揮したい方、仕事やビジネスにおける思考のOS（基本ソフト）を身につけたい方などにお読みいただきたいと考えています。

　今回の改訂ではブレイクスルー思考を理解していただくための事例を【モノづくり】だけでなく、【人づくり】から【コトづくり】にまで拡大しました。またそのイントロとして目に見えない【目的志向と目的思考の強化】を事前に配すことで、より理解しやすくなるよう心がけました。

　なお、改訂に際しては初版同様、日本企画計画学会本部及び東京支部の皆様に多大なご指導をいただきました。また、ついついおろそかになりがちだった執筆作業にタイミングよいお声がけとアドバイスをいただいた日本生産性本部・生産性労働情報センター編集長の下村暢氏に感謝の意を表します。

2024年8月　著者

はじめに

　今では、世界中の公共施設に設置されているジェットタオル・掃除機から人工衛星にまで使われている三菱電機の大発明ポキポキモータ、本質からあるべき姿を実現させたセブン＆アイ・ホールディングスの設立構想、ウォシュレットチームの商品開発や企業理念を再構築したTOTO…、外からは全く目にすることはできないが、これらに共通するものは何でしょう？
　それが、本書で紹介するブレイクスルー思考です。
　生活でもビジネスでも、私たちの誰もが持つ最初で最後のよりどころは、自分の脳をより効果的に活用することです。私たちは懸命に働く前に、もっと「賢明」に働くべきです。脳内作業での目的と手段の混同が深刻な事態をそこかしこに引き起こしています。激変する環境、混迷する現代において、過去や現在を分析し未来への道を創出するという従来の思考には限界が来ています。現代においては過去の延長線上に未来はありません。未来は私たちの脳の中で創られます。今こそ私たちは新たな未来のあるべき姿を想像・創造し、その実現を図るべき時です。
　本書の目的は、読者の皆さんが現在頼っている思考に、もう一つ新たな思考、「ブレイクスルー思考」をインストールしてもらい、それらを適切に使い分けてもらうことです。来週の家族旅行から本日行うプレゼンの企画、そして未来に向けた新たな目的や価値の創造とそれを実現するシステムデザインに至るまで、ブレイクスルー思考が一切の責任を持ちます。早ければ早いほどその恩恵は大きくなります。
　これに対する皆さんの投資はそれほど大きなものではありません。本書を読み、獲得した知識を日常の生活やビジネスの場で活用し、その定着を図るだけです。本書はやや難解だったブレイクスルー思考を最新のEX版に沿っ

て易しく解き明かし、思考を思考法として誰でも使えるようにすることを心がけました。これまでのモノづくり主体の活用の場から、人間を中心としたサービス分野へも展開・活用できるように、事例を通して体験的に学んでいただく流れになっています。幸いにも私は学者ではないので様々な制約からも逃れ、臆することなく皆さんと同じ目線で大胆に書き上げました。

　なお本書の構成は、第Ⅰ章でブレイクスルー思考の概要とシステム観という新たな思考パラダイムを示し、第Ⅱ章ではシステム観からブレイクスルー思考を理解していただくようにしています。この2つの章で基本的な考え方を理解した上で、第Ⅲ章では具体的なケースを通してブレイクスルー思考の進め方を体験的に理解します。また第Ⅳ章では、ブレイクスルー思考の実際の活用を様々なビジネスシーンの中でご案内します。

　目的思考、ビジネス思考、システム思考・デザイン思考などのエッセンスはすべて本書に織り込んであります。本書を思考のOS（基本ソフト）として活用することで、皆さんが超ハイパフォーマーに変身されることを期待しています。

2020年7月　著者

〈推薦文〉

元TOTO代表取締役会長・社長　木瀬　照雄

　本書はブレイクスルー思考が理解できるばかりでなく、課題解決にブレイクスルー思考をどのように使っていけばよいのか、実例を取り上げながら本当にわかりやすく説明しています。特に企業の新任役員や新任部長がブレイクスルー思考を身につければ大きな力となり、会社の発展や日本経済の発展に寄与するものと確信しています。ブレイクスルー思考では、ファシリーダーという造語でリーダーの思考を鍛えています。

　私は1996年、新任取締役経営戦略室長の時にこのブレイクスルー思考に出会いました。当時中京大学教授だった日比野省三先生にブレイクスルー思考に関する社内研修をやっていただき、事業部メンバーを中心に５チームくらいで課題解決に取り組みました。私も若手役員チームを作って参加し、２週間に一度くらい指導いただきながらステップを踏んで進みました。目的は何か、その目的は何か、またその目的は何かを24時間考え続けたことなど思い出します。その中でウォシュレットチームの活動が後々大きな成果に結びついていきました。今でこそ公開できますが、未来の棚に掲げておいたいろいろな開発テーマが10年以上かけて実現できお客様に喜ばれたことです。自動開閉、自動洗浄（ノンタッチ）キレイ除菌ノズル洗浄、空飛ぶウォシュレット、自己発電リモコンなどが生まれました。

　その後、大阪支社長、マーケティング本部長、販売推進グループ長をなど１～２年ごとに代わり社長に就任しましたが、ブレイクスルー思考が身についてきたのか大きな課題に次々と取り組むことができました。「当社は何のために存在するのか？」を常に目的、根本に戻って考え続けました。「未来

のあるべき姿からを現状どうすべかを考え続ける」「当社がなくなったら人々は困るだろうか？」「ずっといてほしい会社になるにはどうすればいいか？」など、こんなことを考えていると企業理念の持つ意味がよくわかってきたのです。そこで社長就任後に取り組んだのは企業理念の再構築でした。そして出来上がった企業理念は、創業者の精神に近いものとなったのです。本質の追求、根本の追求、何のための会社かを追求することが本当に大事だとよくわかってきました。現在その企業理念は世界中のグループ会社で毎日唱和され、一体感の醸成に大いに役立っています。私はこれもブレイクスルー思考がもたらした大いなる成果と確信しています。

　ぜひ本書を読んだ皆さんは、どんなことでもいいのでまず一つ、簡単な課題解決にブレイクスルー思考を使ってみてください。何度かやっているうちに自分の思考が変わってきて、どんな課題にも気軽に取り組んでいけるようになると思います。皆さんの力が日本を、そして世界を変えます。

・・

日本システムデザイン学会会長・早稲田大学名誉教授（工学博士）　黒須　誠治

　本書では、世の中に存在するモノ・コトは、すべてシステムと認識できると考えている。つまり、万物はすべてシステムである。このようなシステムというものをどのようにして創っていけばよいか。すなわち、システムデザインはどのように進めていけばよいか。
　それを丁寧にかつ的確に、そして要領よく述べたものが本書である。
　イノベーションを起こそうと思っている人、改善を考えている人、新しくて役に立つものを創ろうと思っている人に、ぜひとも読んでいただきたい一書です。

....

元日本創造学会会長　田村　新吾

　「人類に残された唯一の特権は創造である」とソニーの創業者の井深大は断言しました。しかし、脳は言葉の詰まった部屋状態です。創造の種が満載ですが、うまく引き出せず悩みます。そのドアの掛け金を外すことで閃きに至ります。それがブレイクスルー思考です。本書は、手順に従って進めば、その掛け金をはずして閃き、新たな発想に至るわかりやすいガイドラインの書で、企業の企画マンにお薦めの書です。

....

日本バリュー・エンジニアリング協会　理事・事務局長　宮本　彰夫

　喫緊の課題として注目されるＳＤＧｓの目標は、Transforming Our World、世界を変えるということです。しかし、日本財団が６か国の18歳を対象に行った意識調査（2024）で、「自分の行動で国や社会を変えられると思うか？」との問いに前向きに回答した人の割合が、６か国中、日本は45.8％で最下位だったそうです。これまでの学校では、社会に順化するための教育に重きが置かれてきて、「社会を変える」ための方法論の教育が十分ではなかったように思われます。
　「ブレイクスルー思考」は、社会をよりよく変えるための方法論であり、ビジネスパーソンはもとより、Ｚ世代と呼ばれる若い方々にもぜひ知っていただき、そして活用していただきたいと思い、本書を推奨いたします。

....

元AIU保険会社（現AIG損保）代表取締役会長・社長　吉村　文吾

　松永さんは営業のたたき上げ出身で、本社ではその経験を踏まえ営業企画・推進・変革・教育などの責任者として指揮を執ってもらった。強い目的意識と使命感で自ら高い目標を設定し、あるべき姿の実現に果敢にチャレンジすることで、常に結果を出してくれた。その彼の頭の中にこのような思考エンジンが組み込まれていたことは本書で初めて知った。ますます激動・混迷を深めるビジネスの最前線において、ワンランク上のパフォーマンスを目指すビジネスパーソンにはぜひお勧めしたい一冊である。

目　　次

はじめに

第Ⅰ章　ブレイクスルー思考へのイントロダクション
　１．ブレイクスルー思考とは　…16
　２．通常の思考とどう異なるか　…17
　３．問題解決におけるブレイクスルー思考　…18
　４．高圧送電線上に棲むカラスを撃退せよ　…21
　５．思考の根拠（拠り所）を切り変えよう　…23
　６．認識が変われば思考が変わる　…27
　７．「システム観」でものを観る　…28
　８．システムとは何か　…29
　９．システム観を理解する　…31
　（参考）過度な要素還元的な思考　…35
　【この章のポイント】　…39
　【コラム】アインシュタインの名言　…40

第Ⅱ章　目的志向と目的思考を強化しよう
　１．システムには目的がある（目的性）　…45
　　（１）目的志向を強化しよう　…45
　　（２）目的と手段を混同しない　…48
　　（参考）目的と解決策は別個　…51
　　（３）目的とは何か　…51
　　（４）目的を考え表現する　…53
　　（５）目的を考えて得られること　…55
　２．目的には階層がある　…59
　　（１）目的の目的を考える、目的展開　…62

（2）目的を展開して得られること　…67
　3．目的は目に見えない　…70
　　　（1）コンセプトをつくる　…71
　　　（2）あるべき姿で視覚化する　…71
　4．目的は人と場で異なる　…72
　　　（1）全体を見てから部分を見る　…72
　　　（2）課題と場を設定する　…73
　　　（3）目的は人と場によって異なる　…75
　　　（4）特定解とは何か　…75
　【この章のポイント】　…76
　【コラム】ブレイクスルー思考―7種の過誤　…78

第Ⅲ章　ブレイクスルー思考の進め方
　～（ケース）組織のミッション・ビジョン・バリューをつくる～

1．考える準備をしよう　…82
　　　（1）問題は何か（取り上げるケース）　…82
　　　（2）問題を課題に切り替える　…87
　　　（3）4つの思考フェーズで考える　…93
　　　　①人間フェーズ　…94　　②目的フェーズ　…94
　　　　③未来解フェーズ　…94　　④生解フェーズ　…95
　　　（4）響創対話（LOD）のファシリテーション　…95
　【この節のポイント】　…99
　【コラム】ブレイクスルー思考によるMVV創造　…101

2．人間中心で考えよう（人間フェーズ）　…105
　　　（1）モノコト中心から人間中心の思考へ　…105
　　　（2）人間フェーズで考える2つのこと　…107
　　　　①関係者のリストアップと参画巻き込み（関係者関与）　…107

②主役と解決の場の設定（特定・明確化）　…109
　　（3）人間フェーズのLODと記入例　…111
　【この節のポイント】　…116
　【コラム】　人間への仮説　…117

3．目的を考えよう（目的フェーズ）　…119
　　（1）目的と価値（観）を切り分けて考え表現する　…119
　　（2）目的フェーズで考える2つのこと　…121
　　　①目的を考え展開し着眼目的を決める　…122
　　　　ⅰ．目的を展開する目的は何か　…122
　　　　ⅱ．目的表現の留意点　…124
　　　　ⅲ．何の目的をどう考え始めるのか　…126
　　　　ⅳ．目的展開の留意点　…128
　　　　ⅴ．目的展開の進め方（ランダム法）　…130
　　　　ⅵ．目的展開の進め方（論理法）　…133
　　　　ⅶ．目的展開のLOD例　…136
　　　　ⅷ．着眼目的の決定（目的の再定義）　…143
　　　②着眼目的に新たな価値を創造・付加する
　　　　〜価値観の創造・付加はこうする〜　…144
　　（3）真の課題の発見（課題の再定義）　…147
　【この節のポイント】　…149
　【コラム】　Begin with the end in mind　…149

4．あるべき姿をイメージしよう（未来解フェーズ）　…151
　　（1）未来から学ぶあるべき姿　…152
　　（2）レギュラリティで考える（重点思考）　…153
　　（3）大理石の中に天使を見る　…155
　　（4）あるべき姿のコンセプトをつくる　…157
　　（5）未来解フェーズで考える2つのこと　…158

①価値観の評価基準と目標値を設定する　…159
　　　②あるべき姿のコンセプトをつくる　…163
　　（6）未来解フェーズの記入例　…164
　　（7）目的・価値観・あるべき姿をベースとしてMVVをつくる　…166
　【この節のポイント】　…167
　【コラム】　ブレイクスルー思考の創造性とパパママ創造理論　…168

5．実現システムをつくろう（生解フェーズ）　…170
　　（1）解決策はシステムとしてつくる　…170
　　（2）簡易システムモデルでポイントを押さえる　…171
　　（3）システムの8要素（システムモデル）　…175
　　（4）生解フェーズで考える2つのこと　…177
　　　①あるべき姿を実現するシステムモデルをつくる　…177
　　　②システムマトリクスで補完し実行を管理する　…183
　　　　ⅰ．価値観・評価基準・目標値を定め実行を管理する　…184
　　　　ⅱ．関連次元を確認し関連周辺システムとの整合性をとる　…185
　　　　ⅲ．将来次元であらかじめ将来への変化対応を組み込む　…186
　　（5）生解フェーズの記入例　…186
　【この節のポイント】　…188
　【コラム】　システム思考とデザイン思考　…190

第Ⅳ章　ブレイクスルー思考を活用しよう
　1．ブレイクスルー思考の全体構成から活用を考える　…192
　2．問題解決への活用を考える　…200
　3．不良定義問題に活用する　…204
　4．目的を考えるだけでも効果性が向上する　…209
　5．リーダーシップの発揮に活用する　…211
　6．能力開発での活用を考える　…212
　7．自律的キャリア形成に活用する（事例1）　…214

8．新商品開発・新サービス開発への活用（事例２）　…216
9．小説のシナリオ作成に活用（事例３）　…219
10．様々な分野で活用されているブレイクスルー思考　…221
【この章のポイント】　…224
【コラム】「先駆的賢人」のブレイクスルー思考　…225

主な参考文献・学会ご紹介　…227

第Ⅰ章
ブレイクスルー思考への
イントロダクション

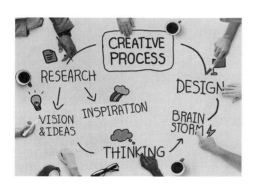

1. ブレイクスルー思考とは

ナドラー博士

日比野博士

【ブレイクスルー思考の特徴と特長】
◆システム観の認識で人間の目的をモノごとの本質とする
◆過去・現在にとらわれず、目的を拠り所として未来を創る
◆論理的・構造的・体系的な思考で直感やひらめきに頼らず創造性を発揮できる
◆問題解決など応用範囲は極めて広く、誰もがハイパフォーマーになれる
◆単なる思考だけでなくそれを実現するシステムまでも組み込まれており確実な実行と成果を産み出すことができる

図1-1 ブレイクスルー思考とは

　ブレイクスルー思考の歴史は長く、その前身は1959年に発表されたジェラルド・ナドラー博士の「ワークデザイン」です。博士は南カリフォルニア大学等の教授でもあり企業向けコンサルなども多く務め、のちに全米IE協会の会長に就任しています。
　日本では1960年代に早稲田大学が博士を招聘し、初めて日本に分析アプローチではない手法として、彼が考えたワークデザイン、プランニング・デザイン・アプローチを紹介しました。当時米国ではまだ思考という言葉は使われておらず、研究アプローチや分析アプローチなどアプローチという言葉が使われていました。その時の早大での6か月間の講義には日本の名だたる企業の研究者や大学の先生達が集まり、そこからワークデザインの考え方は

第Ⅰ章　ブレイクスルー思考へのイントロダクション

様々な分野に広がっていきました。ただ当時は工業化時代（モノづくり時代）であり、人間の目的というよりモノの機能（ファンクション）を中心としたモノづくりのための理想システムの設計（デザイン）として紹介されました。当時の日本では、まだまだ未知のモノを創造するというより、現存する既知のモノについての調査や分析を行い、それで知りえた知識や技術でモノを設計するという考え方が主流で、目指す理想をデザインするという考え方はあまりなかったようです。

　時を経て、サービス経済社会の到来とともに、様々な分野で人々の関心はモノからヒトに移り変わることになります。のちに中京大学の教授となる日比野省三（学術博士）がナドラーの研究に加わり、そこで西洋思想と東洋思想が統合されるとともに、ワークデザインはモノからヒトへ、モノの機能から人間の目的へと進化し、1990年新たにBreakthrough Thinking（ブレイクスルー思考）となって米国で共著出版されることとなりました。その後2nd editionの『新ブレイクスルー思考』、2014年の『SOLVE』そして2017年にはExtraordinary Breakthrough Thinking（邦訳『非凡ブレイクスルー思考』）と改定発行されました。

　ナドラー博士は残念ながら他界されましたが、日比野博士は日本企画計画学会名誉会長を務められています（2024年8月現在）。またこの間ブレイクスルー思考の実践活動を進め、各分野で輝かしい業績を残され、その中のいくつかについてはこの本の中でもご紹介します。またブレイクスルー思考に関する書籍も多く出版されていますが、この本で紹介している内容は最新版のブレイクスルー思考に準拠しています。

2. 通常の思考とどう異なるか

　ブレイクスルー思考とは何か。これを一言で語ることは困難ですが、通常

の思考と異なる主な点は以下のとおりです。

- ◆システム観に基づき世界を観ることでモノゴトの本質をそのシステム作動の目的とし、思考の根拠や起点を人間の目的に置きます。
- ◆目的というものは現実の背後にありますが、私達の頭の中で現実からは切り離され抽象化された概念となり、私達は現実の束縛から逃れ自由に未来や想像と創造の世界にいくことができます。したがって、ある目的やその先の目的を考えることで、私たちはまだ実現しえない未来の世界に足を踏み入れることができるようになります。
- ◆創造性や創造力というものがあるとすると、そこにはひらめきや直観などという特殊な能力が求められると思いがちですが、ブレイクスルー思考では思考のプロセスが構造化されているので、これを身に付ければ誰でも創造性を発揮できるようになっています。
- ◆考えたことの実現を担うシステムのデザインまでも体系化されているので、目に見えない思考が目に見える実態となって、人々の生活やビジネスの発展に貢献できる形まで導けるようになっています。
- ◆ブレイクスルー思考そのものはいわば思考のOS（基本ソフト）として働き、生活やビジネスの様々な実際シーンに活用できるので、問題解決など応用範囲がきわめて広く、実際のビジネスなどでの活用事例も豊富にあります。

3. 問題解決におけるブレイクスルー思考

通常の思考と異なる点の最後に示した問題解決について前提をいくつか述べておきます。人間は朝起きてから寝るまでに1日5万回問題解決や意思決定をしているという人がいます。確かに何か目指すことを考え、それに沿った行動をとることは、生活やビジネスにおける何らかの問題解決といえない

ことはありません。そういう意味で本書でも今後問題解決というコトバをしばしば使うことになるため、あらかじめここで問題解決に対する前提と関連するブレイクスルー思考の用語の定義を示しておきます。

　これから何回か繰り返しお伝えすることになると思いますが、問題解決にあたりブレイクスルー思考の守備範囲は、私たちは「どうあるべきか」という未来に向けた企画の問題です。これと異なる種類の問題、たとえば「どうなっているのか」という過去や現在の真実や真因を求める問題です。ただ私たちの日常生活やビジネスで直面する問題の多くは前者の問題です。後者の問題は学者や研究部門・研究機関などが多く扱っています。

　ここで、通常と多少異なるブレイクスルー思考での言葉の定義といくつかの留意点を解説しておきます（ただし、用語の定義は学術用語（述語）というほどのものではなく、ブレイクスルー思考を理解していくための共通言語といった程度の意味合いと理解してください）。

```
   あるべき姿          問題：
   （理想）              心にひっかかる事項
      ↑              課題：
      │                問題を解決するために何に取り組
     変化                むのか、取り組むテーマのこと
      │              解決策：
      │                （現状をあるべき姿に）変化させる
   現　状                こと・変化させるシステムのこと
                      実行：
                        時間とともに人の心（目的と価値
                        観）と行動を変えていくこと
```

図１－２　ブレイクスルー思考での問題・課題・解決策・実行

　図１－２をご覧下さい。まず問題とは、「心にひっかかる事項」と定義さ

れています。これはブレイクスルー思考が人間中心に組み立てられているからです。確かに同じ状況でも問題と感じる人もいれば、何も感じない人もいます。例えば水栓の蛇口から水がポタポタと漏れているとしても、それが気になる人には問題ですが、気にならない人には問題ではありません。通常の思考では人間が気にしようとしまいと問題はそこに発生していることになりますが、ブレイクスルー思考では私たちがそれに意識を向けて気にかからなければ問題は存在していないことになります。

　課題とは、一般的には「問題解決にあたり何に取り組むか、取り組むテーマのこと」を指していますが、ブレイクスルー思考では課題という言葉を明確には定義していません。しかしブレイクスルー思考では、「問題を課題に置き換えてどうしたらその課題が解決できるか」という流れをとりますから、これ以降この本でもそこにフォーカスするときには課題という表現を使用します。

　解決策とは、課題の解決つまり現状を理想状態（あるべき姿）に変えていくことを表しています。もう少し正確に表現すると、何らかの「変化の種を内包した変化」と定義しています。いい換えれば、心に引っかかる現状を引っかからない理想に変化させること、変化こそが解決策になります。

　（解決策の）実行とは、「時間とともに人間の目的・価値観・行動を変えていくこと」と定義しており、ここでもブレイクスルー思考が人間中心の思考であるという性格をよく反映しています。モノゴトを変化させるには、それ以前にその人の心が変化していかなければならず、心や行動の変化には一定の時間がかかる、ということを表しています。

　ここで重要な視点は、ブレイクスルー思考ではすべてのモノゴトをシステムとして認識しているため、問題も課題も解決策もすべてシステムとして認識する、ということです。問題を単体としてとらえるのではなく、問題システムとしてとらえることで、より広い視点でそれを見ることができるように

なるのです。したがって、解決策も単なるアクションプランではなく、1つのシステムとして設計されなければならない、ということになります（そのことを強調する場合は、本書では以降、解決策を「解決システム」と表現する場合があります）。なお、システムについては、本章の後半で詳説します。

4. 高圧送電線上に棲むカラスを撃退せよ

ここでイントロダクションとして、まずはブレイクスルー思考に興味を持っていただくために、実際の活用事例を1つご紹介し、それを通じてブレイクスルー思考をご案内します。

事例：高圧送電線の上に巣を作るカラス

> 以前ある電力会社では、たびたび起こる山奥の高圧送電線の断線による停電事故に悩まされていました。原因を調査すると、付近に棲息するカラスが送電線の鉄塔に巣を作るために針金など金属類を持ち込み、ショートさせたための断線であることがわかったのです。
>
> しかし山奥の鉄塔上ゆえ、ショートした場所が特定されたとしても復旧は困難を極めました。
>
> そこで、3年間で3億円の予算をかけて鳥害研究所を立ち上げ、カラスを撃退するために様々な方法を研究しました。しかしカラスはとても賢く、いずれも決定的な解決策にはならず、結局これは解決不能問題だとして研究所は閉鎖されてしまいました。
>
> あなたなら、どのようにこの問題を解決しますか？

（日比野省三著『企画の達人』の事例より著者作成）

この話は、かなり有名になっているので耳にした方もいるかしれませんが、これがブレイクスルー思考を活用した解決事例であることはほとんど知られていません。あなたの考えた解決方法はどのようなものでしょうか？

　例えば、
　　──高圧線に風船を設置しカラスの天敵であるオオタカやフクロウなどの目
　　　を描き威嚇する。
　　──一定間隔で鉄砲の擬音などでカラスを遠ざける。
　　　→カラスは非常に賢く、すぐに見抜かれてしまったそうです。
　また、鳥害研究所の優秀な研究員が解決できなかったのでしょうから、そこを考慮にいれると、
　　──送電線を地中に埋める
　　──送電線を通電しない素材で覆う
　　　→これらはコストや労力などの点で現実性がありません。

　これは実際の事例ですので、採用された正解があります。ブレイクスルー思考によって考え出された実際の解決策です。解決策は、いくつも考えられましたが、ここではコストや手間の観点から、
　「カラスが巣を作りそうなところには、あらかじめショートしない部材で作った人工の巣を取り付けておいた」
　ということです。カラスは自ら巣を作ることなく安心して子供を産み育てることができ、それ以降カラスによるこの手の接触停電事故はゼロになり、問題が解決されました。またこれにより自然の生態系を脅かすこともなくカラスが大繁殖することもありませんでした。その後、この方法は全国の電力会社で採用されたそうです。

第Ⅰ章　ブレイクスルー思考へのイントロダクション

　皆さんの中には、「なんだ、そんなことか」と思った方と、「なるほど」と思った方がいらっしゃるでしょう。そこで特に前者の方にお尋ねしたいのですが、あなたはどうしてその方法を思いつかなかったのでしょうか？

　電力会社の鳥害研究所の人達は、日々現場に足を運びカラスの生態観察から得た情報を分析し、原因であるカラスを排除するためにあらゆる手立てを試したのです。もちろん研究所の人たちは、みな職務に忠実で優秀な人たちです。その優秀な頭脳で考え、様々な対策で問題を起こす原因であるカラスを排除しようとしました。一般的に問題の解決は、情報収集と分析によって原因を特定し、それを解消する解決策を考えるという流れをとります。確かに、問題の原因であるカラスがそのまま残っていれば、問題は解決しないのは当たり前のように思えます。

　それではそのプロセスのどこに問題があるのでしょうか？

　ブレイクスルー思考を学ぶと、このような解決策は誰でも簡単に導くことができます。実際このケースの場合は、ブレイクスルー思考を活用することで3年間の解決不能問題が、わずか25分で解決されたのです。そこで、本章ではこの事例を使いながらブレイクスルー思考の考え方についてご案内します。

5. 思考の根拠（拠り所）を切り変えよう

　通常私たちが何かを考えるとき、思考の出発点や根拠・拠り所・手がかり（以下根拠という）としているものは何でしょうか。それは無意識の世界のことで、そのようなものは存在しないようにも思えます。思考などという目にも見えないものについては、私自身も日ごろはほとんど考えたこともありませんし、それが普通だと思います。

　学校を卒業してビジネスの世界に入ってから、会社で論理的思考（ロジカ

ルシンキング）について学んだことがあります。確か私の記憶では、論理（ロジック）とは結論と根拠がつながっている（論理的整合性）ことだと聞いたような気がします。そしてその根拠の中でも最も確実なものは事実であると教わりました。確かに事実は誰も否定できません。そして根拠である事実が正しく（真）、かつ結論に至る推論過程が妥当であれば、その結論も正しい（真）ということだったと思います。そうであれば、論理的思考の根拠は「事実」ということになるのかも知れません。このように事実は、誰も覆すことはできず、最終的でゆるぎない根拠になっています。

　例えば、マーケティングの世界でも、刑事もののTV番組でも、マーケットや現場の事実に答えがあるといっています。また、アサーティブコミュニケーション（自分の意見を押し殺したり一方的に自分の主張を押し通したりすることなく、相手を尊重しながら自分の気持ちを伝えるコミュニケーションの仕方）でも、切り出しにくいこちらの要求を受け入れてもらうためには、まずだれもが認めざるを得ない事実から伝えることで相手と共通の土台を作るということでした。

　そのような例をみると、無意識の世界で「事実」「真実」「現実」が、私たちの思考の根拠になっているのが通常のようです。これはちょうど、観察したデータを分析し論理的思考（推論）によって仮説を立てて検証するという、科学的なものの見方や考え方と同じように思えます。私たちは家庭でも学校でも、そして社会へ出てもそういう思考の中にどっぷりと漬かっていて、通常はその流れでモノゴトを考えています。もちろんここでそれ自体が何か問題だというわけではありません。

　ではそれを理解した上で、ブレイクスルー思考における思考の根拠は何でしょうか。それは事実ではなく、事実に対してそれに向き合う人間の持つ「目的」であると先ほどお伝えしました。「目的である」というより、ブレイ

第Ⅰ章 ブレイクスルー思考へのイントロダクション

クスルー思考では「そう決めた」ということです。ブレイクスルー思考では思考の根拠を切り替え、「事実」ではなく「目的」とするところから思考をスタートするのです。なぜそのように至ったかについてはこのあと説明しますが、思考の根拠を切り替えることで、今まで見えなかった世界が見えてきて、解けなかった問題が解けてきて、ビジネスや生活の向上に役立つのです。

　この本を手にしている読者の多くの方はまだ、目的からモノゴトを考えていくブレイクスルー思考というもう１つの選択肢を手中にしていません。両方の思考を知ってテーマに応じて使い分けられるようになれれば、私たちのパフォーマンスはもっと向上してくるはずです。

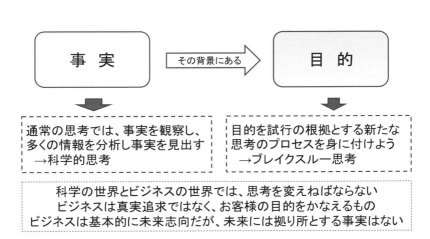

図１－３　無意識の思考の根拠を切り替えよう

　さて、カラスの事例に戻ります。
　電力会社の鳥害研究所の人たちと異なり、ブレイクスルー思考の実践家たちは現場を見に行くことも山奥の送電線に登ることもなく、鳥害研究所の人

25

たちのとった行動（事実）である「カラス撃退」の目的から考え始めました。「皆さんは、何のためにカラスを撃退したいのですか？」この問いに皆さんだったらどう応えますか？　少し戸惑う方もいらっしゃるかもしれませんね。「いや、カラスを撃退すること自体が目的ですよ」と答えるかもしれません。しかしそれは本当でしょうか。それは手段であって、目的は別のことではないでしょうか。

　鳥害研究所の人たちにとって、もっぱらの関心はカラス撃退の方法であり、この課題は上から与えられた課題です。そもそも鳥害研究所はそのために設立されたのですから、課題は所与のものであって、カラス撃退の目的には特に関心を持つことはなかったのかもしれません。

　先ほど「通電しない人工の巣を作って設置した」というのがこの場合の正解だったとお伝えしましたが、それではその解決策にいたることと、カラスを撃退する目的を考えることとはどのようなつながりがあるのでしょうか。その点については本書をこの先まで読み進め、もう少しブレイクスルー思考を理解する必要があります。

　このように思考の根拠を切り替えること（思考のパラダイムシフトと呼んでいる）ができれば、皆さんはすでにブレイクスルー思考の半分は手中にすることができたことになります。それなら簡単そうだと思いませんか？

　このあと、ブレイクスルー思考ではどうしてそのように思考の根拠を目的に切り替えるに至ったかをご案内します。結論としては、認識をシステム観に変えることで自然にシステムの本質である目的を中心とした思考に切り替えることができるということです。システム観については、今後特に重要なことですのでもう少し詳しく説明します。実際にあなたが思考を切り替える際には、その理由や背景に納得した方がスムーズに受け入れられると思われるからです。

第Ⅰ章　ブレイクスルー思考へのイントロダクション

6. 認識が変われば思考が変わる

　図1-4をご覧ください。先ほどお伝えした通り私たちは遭遇する様々なモノゴトに対して、それをどう見るかという固定化された「モノの見方」をもっています。その「モノの見方」にもとづいて頭の中でその対象について思考します。そして考えた道筋により実際の行動をとり、その行動によって様々な結果を手にしています。この流れを逆にさかのぼれば、私たちの手にする結果や成果は私たちの行動にもとづいており、その行動は私たちの「モノの見方」に基づく思考によって導かれていることになります。

　したがって、これまでと異なる、あるいはこれまで得られなかった結果や成果を求める場合、同じ行動や思考を繰り返している限り、それは得ることができません。またこれまでの思考や行動を切り替えるためには、それ以前の無意識の世界にある「モノの見方」を切り替えなければなりません。

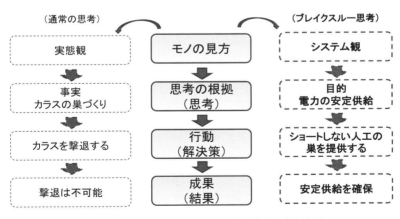

図1-4　モノゴトの見方を変えれば思考・行動・成果が変わる

27

カラスの問題を解決したブレイクスルー思考では、認識を変えて思考を切り変えることで（解決）行動を変え、問題を解決したのです。

7. 「システム観」でものを観る

　私たちは通常、五感を通じてモノゴトを認識（知覚→認知）しています。五感とは5つの感覚器官、すなわち①視覚、②聴覚、③触覚、④味覚、⑤嗅覚のことです。これらの五感から得られる情報（知覚情報）はすべてモノゴトの実態から把握されています。実態（実在物）がなければ、私たちはそれを目で見ることも、耳で聞くことも、そして手に触れることもできません。このようなモノゴトの認識の仕方は、あまりにも当たり前でことさら呼び名もないので、ここでは実態を見るということから「実態観」と呼ぶこととします。

　ここでいう「〇〇観」とは、文字通り「モノの見方（観かた）や考え方」のことですから、それが正しいか間違っているという議論はありません。それは人生観や恋愛観などと同じで、人それぞれの経験によって培われた「モノの見方」といってもいいでしょう。

　ところが、ブレイクスルー思考を提唱した二人の学者が業種別調査で3％〜8％存在が確認された超ハイパフォーマー、優れた問題解決者・経営者成功者たち（以下「先駆的賢人」と呼ぶ）をインタビューした結果、彼らは問題解決に当たり実態観とは異なる認識の仕方をしていました。彼らは問題や課題そして解決策さえも、単体としてそこにあるのではなく、それに関連する様々な要素がつながりあって作られている1つのシステムという枠組みでとらえていました。そして問題解決をするにしても、最初にその問題を取り巻くもっと大きな全体に目を向け、そこにある様々な要素、特に人間の目的を中心に問題をとらえていました。そこで二人の学者は、このようなモノゴ

トの観かたを「システム観」と名付けました。
　システム観とは、すべてのモノゴトを1つのシステムとして認識することです。システムなどという言葉を聞くと拒否感を持つ方もいるかもしれませんが、ここでいうシステムとはそれほど難しいものではありません。
　なお、ブレイクスルー思考では、世の中のすべてのモノゴトをシステムとして認識しますが、特にそれを意識し（強調）する時は、「○○○システム」のように表記します。

8. システムとは何か

　システムとは何のことでしょうか？
　システムという言葉を辞書的に翻訳すると、組織・機構・制度・体系などとなり、これでは一定の文脈でもなければますます意味がわかりません。
　それでは皆さんはシステムというとどのようなイメージを持つでしょうか？
　これもなかなか難しいかもしれません。それは、システムが実態として手で触ったり目で見たりすることができないからかもしれません。コンピュータシステム、システム部門、工場の生産システム、防災システム、人事システム…、これらは存在していることは確かですが目には見えません。見えるのはコンピュータの部品やシステム部門の人間、工場の複雑そうな設備や人事規定に書かれた文字などです。それらは確かに、システムの部品や構成要素の1つかもしれません。しかし、目にするものや手に触れるものだけでは、その全体像は見えず、部品や要素同士のつながりや関係性なども見えません。またそもそも、そのシステムとは一体何であって何のためにそこにあるのかは見えません。
　ブレイクスルー思考でいうシステムとは、「目的（人間）を中心に複数の

要素が関連しあって全体をなしているものを総称」としています。

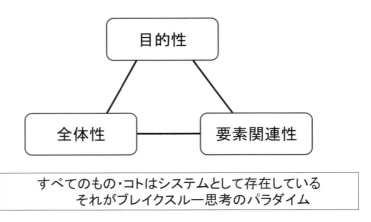

図1-5　システムって何?

　このシステムの定義は一般的であって特に特殊なものではありません。余談になりますが、先にご紹介したこの思考を取りまとめた二人の学者は、元はシステム工学の専門家であり、ナドラー博士はインダストリアルエンジニアで、日比野博士は大手企業における軍事用兵器システムのコンセプトデザイナーだったので、システムにはかなり造詣が深かったのです。
　さてこの定義で注目してほしい点は、人為的、人工的なシステムはもちろん、自然界のシステムであっても、人間がそれを認識する限り、そこにはそれを認識する（それと向き合う）人間の目的があります。
　そこでそのシステムの本質（核）となる目的とは、「そのシステムは（その人間にとって）何をどうするためのもの」であるかということです。つまり目的はシステムのねらい・意図・存在意義・存在目的であり、目的がなければシステムにはなりません。目的についてはのちほど少し詳しく説明します。

すべてのモノゴトをシステムとして認識すると、そのシステムとは一体何なのか、それは何のためのものなのかという本質（目的）に関心を寄せるようになります。これは下記のシステム観の認識で得られる最も大きなポイントで、そのことによって得られることはとてつもない大きな成果をもたらします。

9. システム観を理解する

　システム観をもう少し理解するために、ホワイトボードを例にして、これを実態観とシステム観でそれぞれ認識して（観て）表現してみましょう。

（ホワイトボードの例）

実態観		システム観
● ‥‥		● ‥‥
● ‥‥		● ‥‥
● ‥‥		● ‥‥
● ‥‥		● ‥‥

何が見えたでしょうか？
まず実態観では見たままの姿を表現すればよいのですから例えば、
―縦1メートル、横2メートルぐらいの板状のもので、高さは2メートルぐらい
―長方形で足がついている

―色は白、材質は金属とプラスチック？…
などとなるでしょう。

　次にシステム観で観てみましょう。ホワイトボードはホワイトボード"システム"になります。まず、このホワイトボード（システム）の目的は何でしょう？　そもそも目的は人間が決めるものですからこの場合の人間とは誰でしょう？　様々な要素とは何で、それらはどう関連し合っているのだろう？…と考えていきます。

―**目的性**
　システムを構成する最重要要素（かなめ・本質）は目的です。例えばこの場合なら、講師（人間）にとっては受講者に講義内容を伝えるため（目的）のもの、となります。また受講者にとっては講義内容やそのポイントを理解させてくれるためにあるもの、となるでしょう。そして大事なことは、このホワイトボードというシステムは目的を満たさなくなればその本質・存在意義（存在目的）を失うということです。

―**要素関連性**
　このシステムを構成する要素としては、研修室をはじめマーカーやイレーザーという物的要素、講師や受講者という人的要素、研修や講義内容などの情報的要素が挙げられ、それらがなければホワイトボードシステムは成立しないことになります。

―**全体性**
　そしてこれらの要素が関連し合ってホワイトボードシステム全体を構成していて、バラしてしまうと（例えばマーカーがなければ）このシステム全体が成り立たないことになります。またこのホワイトボードは、研修室というより大きなシステムや施設全体システムの一要素にもなっています。

ここで例のカラス問題をシステム観で観ると、カラス問題自体も１つのシステムとして存在していることになります。それではこの問題解決の本質である目的は何でしょう。何のためにカラスを撃退するのでしょう？　という見方につながり、目的を考えはじめます。システム観の認識ができなければ、目的ということに関心が及ばず、あのカラス問題はおそらく解決できなかったでしょう。またカラス問題は、単にカラスまたはその巣だけの問題ではなく、高圧送電線・電力会社・保安作業員・電力利用者及び彼らのこの問題に対する目的などに関連し、また空間的にも奥深い山岳地帯の鉄塔の上、時期もカラスの巣づくりの時だけなど、様々な要素が関連し合った状況で構成されている１つの問題システムととらえなければなりません。

　ここでカラス事例の目的をどう考えたのかについてのご紹介をしておきます。

　最初は「カラスを撃退する」ことが目的だと思っていたのですが、最終的には「人間の生活を守る」ことが目的であり、カラスや巣がそこにあろうとなかろうと電気が安定供給され人間の生活が守られればそれでよいということになりました。実際にはこの事例ではさらに目的を考え最終的に「カラスと人間が共生する」という目的に至りました。そこでこの目的を達成する手段としては様々な方法がありますが、その中でコストや手間などから採用された方法は、カラスが巣をつくり生活している鉄塔には通電しない部材でつくったカラスの巣をあらかじめ取り付けてあげるということにしました。これでカラスも人間も安心して生活ができるようになり問題が解決されたわけです（このプロセスは次章でより詳細にご案内します）。

　私はカラス問題を研修などで受講者に投げかけることがあります。そうするとたまに同じように応える人もいます。しかしどうしてそう考えるに至ったかを尋ねると、「どこかで答えを聞いたことがある」とか、「直観で」とか

「何となくひらいめいた」などという人がほとんどです。しかし、直観やひらめきは誰もが共通に持ち合わせている能力ではありませんし、その人でさえ他の場面でそれを再現することができないでしょう。ましてや他人にそのひらめきのプロセスを伝えることもできません。

　一方、ハイパフォーマーに対するコンピンテンシーインタビューなどをすると、レベルが最上位で新たなビジネスモデルを作り上げるような人は、共通して「どうしてそのような考えに至り、どうしてそのような行動をとったのか」すらすらと確信をもって答えることができます。ですから彼らは、他のシーンに置かれても状況に合わせて自分の思考や行動を再現し同様のパフォーマンスを創出することができるのです。なお調査によると、それらの人たちの出現率はブレイクスルー思考の先駆的賢人と同じ数％程度といわれています。

　また、発想法や創造性開発などの研修に参加すると、初めに講師がだまし絵や錯視（視覚による錯覚）図形などを示し、この研修で発想が変わり、新たなものを生み出すことができると示唆する場合があります。しかし心理学を少し勉強したことがある人なら、人間の持つ「知覚の恒常性や認知のバイアスなど」により、そのような図形に対し視点を変えることが簡単なことではないことがわかるはずです。ここで私は皆さんに直観やひらめきなどの特殊な能力を身に付けていただきたいのではなく、ブレイクスルー思考によって普通の人が誰でもいつでも自然にモノの見方が切り替えられ、新たなものが見えるようになり、超ハイパフォーマーになってもらいたいのです。

　ブレイクスルー思考を取り入れれば、いつでも異なる２つの視点・認識・思考を使い分けできるようになり、あなたがこれまで手に入れられなかったことを手中にできるようになります。またそれこそがこの本の目的です。それによってあなたは、ビジネスや生活で偉大な成果、Extraordinaryな効果

性、どこの企業でも垂涎される主体性、創造性、リーダーシップ、そして先見性を手に入れることができるようになるのです。

(参考) 過度な要素還元的な思考

ここで参考として実態観にもとづく通常の思考で陥りやすい問題について触れておきます。

物事の実態的側面、つまり事実を根拠とする思考では共通して「事実情報を集めて分析する」ことで別の真実や不変の真理や法則、解決策などを導いていきます。しかし、しばしば物事を細かく分けて見ていくうちに「木を見て森を見ず」とか「群盲、像を評す」というような状況に落ち入り全体性を見失うことがあります。ここでいう過度な要素還元的思考とは、そのような状況に陥る思考です。

要素還元とは下の図のような考え方をいいます。

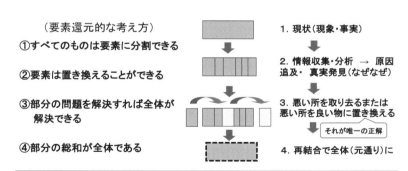

図1-6　要素還元的な思考と問題解決法

①すべてのものは、より小さな要素に分解できる。例えばノートパソコンは本体ケース・モニター・キーボード・バッテリー・CPU・メモリー・ストレージ…に分けられる。

②要素は置き換えることができる。例えばストレージ容量が足りないという問題を感じれば、より交換可能な大容量のモノに取り換えることができる。

③部分（要素）の問題を解決すれば全体が解決される。これでこのパソコンの容量不足の問題は解決される。

④部分の総和が全体である。バラした部品を集めて組み立てればノートパソコンになる。

　これが何か問題に向き合ったときの、無意識の問題解決プロセスとなっています。確かにパソコンのような機械であればそうかもしれませんが、何にでもこのような考え方でモノゴトを考える人は多くなっています。しかし私たちが日々生活をしている場、つまり家庭生活や地域社会あるいは企業社会やビジネスなどで常にそう考えてしまうと、そこにいる人間と人間のつながりが無視され、組織を単なる人の集団や能力の集まり、あるいは人間を部品と見てしまったり、時には人体でさえ様々な臓器の集合体として部品交換で問題が解決できると思い込んでしまうこともあります。

　私はかつて米国企業に勤めていて、米国人と一緒に仕事をしていましたが、その時の同僚米国人は殆どみな、こういう考え方をしていました。上図のように「すべてのものは要素に分割すれば見やすくなる。あなたは漠然と全体ばかりしか見ていないからものごとの本質が見えないのだ」。彼らは全体を分解して分析すれば何が問題なのか、その真因が明確に見えてくるといいます。その解決ストーリーは、例えば営業部門だとして私の部門の成果に陰りが出てきたときに、「まず数字が上がらなくなった原因を追究せよ。そ

のために成績に関するデータを分析して真因を突き止めそこに手を入れよ。10人のメンバーのうちだれが成績不振なのか真犯人がわかったら、そこを修理（教育やトレーニング）するかダメなら他の社員と入れ替えよう。そうすれば元通りに成績が復旧できる」というものです。

　ただ実際にはその考え方は、しばしば問題をより深刻なものにしてしまうことがありました。それは人間の問題をあまりにも機械論的なモノの見方で考えているからです。コンピュータの不調ならそれで良いかもしれませんが、実際には人間は機械の部品ではありません。部品修理や部品交換のような方法ではそれに伴い他の問題が発生します。例えば、その人間は確かに成績不振ではあったがチームの人間関係の"かなめ"だったりすることもあります。異動によってチームは崩壊し、マネジャーの本来業務である相乗効果の創出など期待できなくなったり、その様子を見ていた他のメンバーも、いつかは自分にもその時が来ると恐れて萎縮し、本来の力を発揮できなくなるかもしれません。

　次ページの図１－７のように、過度な要素還元的な思考は、過度な分析論に陥りやすく人々やモノゴトのつながりを分断し、時として対立構造までをも生み出してしまうことがあります。科学では多くの情報を集めて分析することから、「分ければわかる」といいますが、ビジネスや生活では分析でなく統合の方が重要です。分ければ分けるほどアリ地獄に落ち込んでわからなくなるというのが実際です。結果としてモノゴトの全体性や対立項の調和・統合への道が閉ざされ、出る杭のようにお互いに頭を出せば叩き合ったりするのでジッと身をすくめることになります。当然、全体最適よりも部分最適を求めるようになります。このような兆候は、多くの人が指摘しているところです。

　しかしこの考え方は非常に根強く、その理由の１つとして考えられることは、科学的なモノの見方や考え方、あるいは学校教育にこのような要素還元

- 分断、分析論（細分化がすすむ）
- 対立文化を生む（協調性の欠如）
- 「井の中の蛙」症候群（全体が見えなくなる）
- 連動性、関連性の欠如（つながりがなくなる）
- バランス感覚の欠如

部分最適化→モグラ叩き現象

図1－7　過度な要素還元的思考の弊害

的な考え方が深く入り込んでいるからではないでしょうか。多くの情報を集めて分析する、そうすればそこから共通の真実や正解が発見できる。確かに一般的に多くの科学者のやっていることはそのようなことで、私たちはそこで導き出された理論を現実世界に当てはめれば自分の問題を解決できるようになっていると思いがちです。

　本当にそうでしょうか？　成功企業のベンチマークやケーススタディーから得られる成功の法則は、あなたの勤めている企業にも同じように当てはまるものなのでしょうか？　H・ミンツバーグは「MBAが会社を滅ぼす」という本さえ出版しています。自然科学の世界と異なり多くのビジネスは人間社会の中で成り立っています。むしろ、同じ状況・同じ企業・同じ人などどこにもない、といってもよいのではないでしょうか。

第Ⅰ章　ブレイクスルー思考へのイントロダクション

　とはいえ誤解しないで下さい。ここで科学的な思考や要素還元的な思考を否定しているのではありません。科学は人間生活の向上に大きく貢献していて、その恩恵なしには現代の私たちは片時も生きられないほどです。また実際このブレイクスルー思考を取りまとめて出版した二人の学者も「先駆的賢人」の思考を調べ、そこに共通する考え方を体系化したのですから。またブレイクスルー思考そのものにも要素還元的な部分は含まれています。ここで述べているのはそれが過度になってしまうと弊害が生じるということです。

この章のポイント

1． システム観の認識で世界を観れば、すべてのモノゴトはシステムとして存在しそれぞれ固有の目的を達成するために様々な要素が関連し合って全体を構成していることがわかる。

2． ブレイクスルー思考では、そのシステムの目的を思考の拠り所としてそこから思考を始める。

3． 異なるモノの見方は異なる思考と行動を生み出し、異なる成果を生み出すので両方の見方による思考が使いわけられるようになった方が自分の効果性が向上する。ブレイクスルー思考を取り入れてハイブリッド思考になろう。

図1-8　目指すのはハイブリッド思考

アインシュタインの名言

アインシュタインは様々な言葉を残していますが、下記の3つはこの章のまとめとしても使えそうです。まず最初は、

A perfection of means, and confusion of aims, seems to be our main problem.
（手段の完璧さと目的の混乱が私達の主な問題であるように思える）

科学技術の進歩により様々なことが完璧にできるようになってきたというのに、それを何のために使うのかという本来の目的が失われ分からなくなってきていることで、さまざまな問題が引き起こされている、といった意味合いでしょうか。
—原子力は何のために開発されたのでしょう？
—インターネット技術は何のために開発されたのでしょう？

次に問題とその認識に関して、
You can't solve a problem with the same mind that created it.
（問題はそれが創られたのと同じ認識では、解くことができない）

ここではこの章に合わせてmindを認識として翻訳しました。そうすると、本来問題は発生しないようにすることが望まれるわけですが、発生してしまった問題に対して問題や解決策に対する認識を変えなければ、同じ思考と行動を繰り返すだけで問題を解決することは出来ない、というような意味合いと解釈できます。この章の趣旨からすると「我が意を得たり」といいたくもなりますが、これは問題の種類によって異なることもあるように思えます。
皆さんはどう思われますか？

最後に思考と問題解決に関して、
We can't solve problems by using the same kind of thinking we used when we created them.
（問題を起こした時と同じ思考では、私たちはその問題を解決できない）

ほぼ上の言葉と同趣旨と思えますが、"認識"が"思考"になっていますので、まるでこの本に合わせてくれたようになっています。これもすべての問題ではなく、その時に解決できない問題に対して投げかけられた言葉でしょうか？　真意はともかくブレイクスルー思考はそのためにまとめ上げられたこれからの思考であるともいえるでしょう。
　ちなみにアインシュタインは人生に関する言葉を多く残しています。例えば、
Gravitation can not be held responsible for people falling in love.
（人が恋に落ちるのは万有引力のせいではない）
Men marry women with the hope they will never change. Women marry men with the hope they will change. Invariably they are both disappointed.
（男は結婚するとき、女が変わらないことを望む。女は結婚するとき、男が変わることを望む。お互いに失望することは不可避だ）

　私は毎年ノーベル賞受賞者の話しに関心を持って聞きますが、あのような真に優れた科学者は専門分野の知識や技術だけでなく、みな豊かな人間性や人格で真摯に人間社会に向き合い、その向上を願っていることを感じています。

第Ⅱ章
目的志向と目的思考を強化しよう

ブレイクスルー思考では、３つの原則としてすべての思考プロセスを通じた基本的なスタンスや考え方を定めています。その３つとは、
　①システムの原則
　②目的の原則（目的情報収集の原則）
　③ユニークさの原則（特定解）
です。
　すべての原則は①「システムの原則」に基づいて導かれています。システムの原則とは前章で述べてきたように、システム観での認識全体を指しており、②目的の原則と③ユニークさの原則はそこから導かれるものです。
　「②目的（情報収集）の原則」とは、従来の思考の流れでは、まず「できるだけ多くの情報を収集してそこから手掛かりをつかむ」ということに多くの時間と行動を費やしますが、ここでも目的にかなった行動として解決策づくりに必要な情報に絞って収集しようということを表しています。さらに「③ユニークさの原則」とは、すべてのモノゴトには独特の違いがあるということです。その内容は、本章での「場の設定」や「特定解」をはじめ、第Ⅲ章で説明する「思考フェーズ」に織り込まれています。

　図２−１はシステムの特性から見た目的と本章でご案内するブレイクスルー思考の概要を関連付けたものですが、第Ⅱ章ではこれに沿って目的志向と目的思考を強化していきます。

第Ⅱ章　目的志向と目的思考を強化しよう

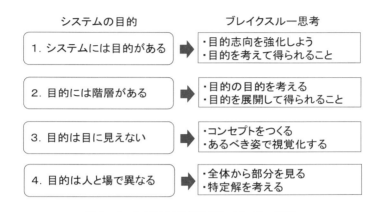

図2-1　システムの目的とブレイクスルー思考

1. システムには目的がある（目的性）

（1）目的志向を強化しよう

　これまで説明してきたように、システム観によるブレイクスルー思考の世界では、システムの目的をモノゴトの本質として、目的から思考を進めていきます。

　問題は、私たちは見えるものの背後にある見えない目的について普段それほど関心をもっていないことです。しかしよくよく考えてみれば、私たちの生活やビジネスでは、自分やお客様の思いを果たすこと、つまり目的の達成や実現こそが、すべての行動の起点であり行動の意図です。「思いの種をまいて行動を刈り取り、行動の種をまいて…」というサミュエル・スマイルズの言葉通り、漠然とした思いが明確な目的に、そして目標に至るにつれて達成意欲が高まり、行動が生みだされてくるのです。無意識的な行動において

45

も、無意識下での何らかの目的に基づくものであり、目的こそが私たちの日々を動かしているといってもよいでしょう。

　もし目的を見失ったり喪失してしまうと、人間も企業も生きる方向性を見失い、自らの存在意義そのものを失ってしまうことがあります。皆さんは、目的を見失った行動で発生した数々の不祥事、TVニュースで繰り返し報道される「誠に申し訳ありませんでした」という企業トップの謝罪の光景を目にしているでしょう。例えば目的をお客様の生活への貢献ではなく、企業の利益と勘違いしたために生じた食品偽装や建築設計偽装、目的を子供の教育や安全ではなく、組織の保全と考える学校や教育委員会…、数え上げれば枚挙にいとまがありません。私たちは適切な目的についてもっと関心をもたなければなりません。

　そう考えると生活やビジネスでは、事実を根拠として何らかの正解を求める通常の思考よりも、人間の目的を思考のスタートとするブレイクスルー思考を使った方が適切と思える場面の方が多いのではないでしょうか。特にビジネスパーソンであれば、目的喪失による図2－2のような状況は想像に難くないでしょう。逆に目的について考えることで、図2－3のようにビジネスの根幹が創られることになります。

　しかしこれほど重要な目的について私たちは、それを考えることはあまり得意ではありません。私のこれまでの経験ではそのことは誰にも共通のようです。「何のために」という目的を問いかけられると、私たちはその時初めて目的を思い起こしハッとして真剣に考え始めます。

　さて組織内の皆さんは、上司から何らかの指示を受けることがあると思いますが、「その目的は何ですか？」などと問いかけようものなら、相当その上司の"覚えが悪くなる"ことを保証します。上司といえども目的を考えることが不得手なのは共通で、多分本人もあまり考えてはいないからでしょ

第Ⅱ章　目的志向と目的思考を強化しよう

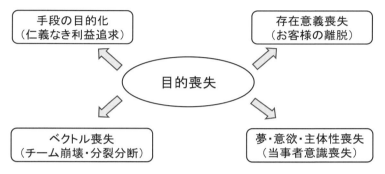

図2-2　目的を見失うと、ビジネスが根幹から崩壊する

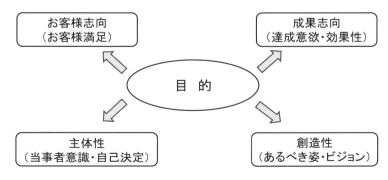

図2-3　目的を見いだせれば、ビジネスの根幹が創られる

47

う。私の若いころは「まずいわれたことをやってからものをいえ！」などといわれたものです。企業の中でもミッションや企業理念の唱和をすることはあっても、その意味を考えたり、現在の戦略や施策はそれとベクトルがあっているのかなどを考えることはほとんどないでしょう。ましてや、所属部門のミッションや特定の仕事の目的や大義が語られることは少なくなっています。あるのは目的を達成するための行動、すなわち手段としての仕事や作業の指示です。

（２）目的と手段を混同しない

　しかし、仕事は本来成果を生み出すためになされる手段にすぎません。どのような時でも、「仕事は手段、目的は成果である」ことを忘れないことが肝要です。また目的と行動の順番も「まず目的（思考）、次に行動（仕事）」であることを忘れてはなりません。それが見失われると仕事は単なる作業と化し、「とてもつまらないこと」に成り下がるでしょう。皆さんはドラッカーが引き合いに使った「３人の石工」の話をご存じでしょう。

　前章でご紹介したカラス問題の話では、おそらく研究員は最初から「カラスを撃退しろ」というような指示を上から受けていたのではないでしょうか。「カラスを撃退する目的は何ですか」などとは聞けなかったのかもしれません。

　中間管理職による目的と手段の取り違え、これは頻繁に発生し、ビジネスの効果性を妨げるばかりでなく、その企業で働く社員を苦しめることがあります。最初はプレッシャーや軽度のストレス、さらに進行すれば何も感じなくなる仕事中毒になり、最後にはバーンアウトしうつ病の発生を引き起こすこともあります。

　なお、目的と手段の混同や取り違えといっても、この２つの概念を表現する当事者の認識や認定の問題もあり絶対的に正しい、間違っているとはいい

第Ⅱ章　目的志向と目的思考を強化しよう

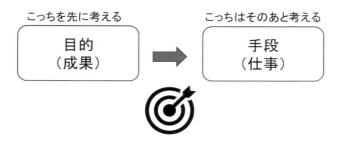

図2-4　忘れるな！仕事は手段、目的は成果

難いところもあります。

　私は以前、数年間社内でキャリアコンサルタントを務めたことがありますが、その中で何人もの深刻な相談事例を目にしてきました。またキャリア開発研修などでは一部の若い社員は、この企業で働く目的は「お金を得るため」とし、それ以上は考えられないという光景も目にしてきました。いうまでもありませんが収入を得るのは手段であって目的はその先の先にあり、働く目的（働きがい）やその延長線上にある生きる目的（生きがい）につながることを考える人は少ないのが実態です。高校生はより偏差値の高い大学に入るのが目的でそのために高校で勉強をするのだと考え、大学生はよい企業に就職するのが大学に通う目的だと思ってしまうこともあります。

　さてここで企業における成果と目的について思うところを若干述べさせていただきます。

　成果とは「成し遂げた良い結果のこと」などという辞書的な意味ではなく、それは具体的な個々の仕事の中で決められるものと考えています。私た

49

ちは仕事（労働）をインプットして成果がアウトプットされることを目指しています。

現代では多くの企業が目標管理制度を採用しており、それが健全に機能しているとすれば、成果＝目標達成となるでしょう。目標は企業内での上下関係の中で合意され決定されるものなので、目標設定面談などは目指す成果を明確化する作業として非常に重要な局面になります。そしてその達成度合いによって人事評価さえも変わってきてしまうので数値も大事ですが、それ以上に大事なのは何を成果の指標とするのかという成果そのものの具体的内容です。通常はいくら「頑張った……」といっても成果に結びつかなければ評価には値しないのですから時間やエネルギーなど仕事の量ではなく仕事の質にこだわり、できるだけ少ない入力で大きな出力を得ることを目指しましょう。最近では、「長時間働いた」などということは評価されず、日本人のワークスタイルも変わってきています。これをとりあえず今日から個人でも始められる働き方改革として心がけましょう。

また目標と目的の連鎖が健全であればの話ですが、目標は目的の化身ですから、成果＝目的の達成ということになります。このように考えると目的と成果は本来同一の視点で考えられるべきものとなり、企業目的が何らかの社会（お客様）への貢献（価値提供）であるとすれば、つまるところ成果はお客様へ向けた価値の創造と提供であって、本来の評価者はお客様ということになります。最近はお客様からの感謝状を成果指標や評価指標とする企業も出てきています。

しかし実際には企業にとっても社員にとってもこれほど重要な成果や目的について語られることは少ないように思います。ブレイクスルー思考を取り入れると目的と成果と仕事（手段）についての関係性が明確になってきます。

（参考）目的と解決策は別個

　本書では、目的の対義語として通常表現される手段というコトバも使っていますが、本来ブレイクスルー思考では、目的を達成する方法を手段と呼ばず、解決策と呼んでいます。また日常的に使われるように「現在の目的」を「その先にある目的達成の手段」と位置付けることもありません。目的と解決策（達成方法）はそれぞれ別個のものとしています。

　例えば「手紙を書く」目的は、その先の目的として「自分の思いを誰かに伝える」ためであっても、「手紙を書く」ことは「思いを伝える」ための手段とは位置付けていません。手紙を書く手段（方法・解決策）は、ボールペン・鉛筆・筆などいろいろありますが、「思いを伝える」手段（方法・解決策）はそれ以外にも直接会話・メール・電話・手紙…とより多様な手段（方法・解決策）が考えられます。目的には系列としてその先の目的もありますが、手段（解決策）は目的ごとに存在することになります。

（3）目的とは何か

　ここで目的について、もう少し深く考えてみましょう。目的という言葉はいろいろな意味で使われます。例えば、

1. 「目的は1番になることだ」といえば、これは「目標」を表しています。
2. 「ペンチの目的はモノを挟んで圧縮することだ」といえば、これは「機能」を表しています。
3. 「彼の目的は、部屋をきれいにすることである」といえば、これは「意図」を表しています。
4. 「会社の目的は人々に喜びを与えることだ」といえば、これは「使命（ミッション）」を表しています。
5. 「火災保険に加入する目的は、暮らしを安全・安定させたいからだ」といえば、これは「欲求・動機・ニーズまたは願望」を表しています。

ブレイクスルー思考でいう目的には、これらの様々な意味も含んでいますが、端的にいえば３番目と４番目の「ある行動の『意図』」つまり行動（動詞で表す動作）によって実現しようとしていること、という意味で使われています。私は本書でこれまで「思い」という言葉を使いました。しかし「思い」とは、まだ漠然としたもので、行動によってそれを成し遂げようという意図までは含まれていないのが通常です。強い思いを描けばそれは叶えられるという人もいますが、それでは念力のようなもので、ブレイクスルー思考では思いや夢は目的として明確化し、行動に結びつけてはじめて実現されるものとしています。

　ちなみに３. の例の「部屋をきれいにする」という表現は、ブレイクスルー思考では行動を表現する動詞が不足しているとみます。「する」では行動（動作）がイメージできないからです。そこで動作を加えて、例えば「きれいに掃除する」のか「きれいに拭く」のか「きれいに片付ける」のかなど行動を明確に表現します。動詞部分を明確に表現しておかないと、のちに考えるそれを達成する方法＝解決策が異なってくるからです。

　次に「きれいに」の部分は修飾語なのでそれも取り去り、目的は例えば「部屋を掃除する」とした場合、そこには掃除するという物理的行動としての側面だけでなく、掃除されていない現状の部屋を掃除されている状態へ変化させたいという願望や、理想などの意味合いも含まれています。

　このことは、自分で自分の目的を意識する・明確化することのもう１つの重要な効果を導き出します。つまり目的を考えることはそれだけで、その人を目的達成へと動機づけることになります。目的は人々を動機づけ行動を促す機能を有しているのです。それは目的が達成されていない現状を達成されている未来へと変化させようとすることで、人々を前向きで未来志向にしていきます。

（4）目的を考え表現する

　目的に限らず私たちが何かを考える時に、忘れてならないのは、私たちは通常「内言（ひとりごと）」として頭の中で言語を唱えてモノゴトを考えているということです。したがって語彙が少なく言語表現能力が弱いと、それによって思考そのものも限定されてしまうことがあります。ある地域の未開部族では、言語が30個位しかないということを聞いたことがあります。彼らには飛行機も鳥も蝶も同じで、"空を飛ぶもの"という言語しかないそうです。これでは、人間の持つ複雑で多様かつ微妙な目的やその系列を考え表現することは難しいでしょう。同じような状況は私たちにもあります。組織で働くビジネスパーソンも、組織内の常用語30個ぐらいですべてが考えられ、仕事をしてはいないでしょうか？

　推進する・普及する・拡大する・増加させる・最大化する・強化する・上げる・下げる・発展させる…。後に実際に思考するときの留意点やそれを補う方法などをお伝えしますが、語彙不足は豊かな思考を妨げ、狭い視野でモノゴトを決着してしまう危険性があります。またこれらの一連の表現で生じるもう１つの問題は、実際の行動や動作が見えないのにわかったような気になってしまうことです。例えば「推進する」ことの具体的行動や動作は何でしょう。ある人はデータを集めることと考え、別の人は叱咤激励することと考え、また他の人は当事者に役立つ情報を提供することと考えるかもしれません。これでは先ほどの"空を飛ぶもの"とさして変わりはありません。組織内でのベクトルや行動の共有などが不完全になってしまいます。

　さてそれらを踏まえて、目的はどのように表現するのが適切でしょうか？前に述べたように目的は行動の意図（ねらい）という意味合いでブレイクスルー思考では、目的を「◎◎を××する（ため）」と表現することにしています。◎◎は目的語で××は動詞です。例えば、窓を開ける、空気を換え

る、ブレイクスルー思考を学ぶ…など、必ず「名詞＋動詞」の形で表現し、名詞だけ・動詞だけの表現は避け、主語は省略するようにします。また目的を明確にするためこの段階では修飾語などは入れないこととします。

　ところで第Ⅰ章ではシステム観でモノごとをとらえる習慣ができると、システムには必ず目的があるので自然に目的に意識が向かうようになるとお伝えしてきました。そして図１－５の説明で目的とは、そのシステムの本質・存在意義であり、そのシステムが「何をどうする」ためのものか、と定義しました。「何をどうする」は目的表現（◎◎を××する）と見比べると同じ表現形になっていますね。またここでは人間を意識して目的は「（人間の）行動の意図」としましたが、システム観を反映すれば「何をどうする」という目的は「（ある人間にとっての）そのシステム稼働・作動の意図」と言ってもよいでしょう。

　いずれにしても目的は通常「◎◎を××する」と表現しますが、この場合「××する」という動詞の後には「ため（為）」という補語が省略されているものと理解してください。例えば「窓を開ける（ため）」は目的を表現していますが、同じ表現でも「窓を開ける（ので）」では目的を表していませんよね。

　では皆さんは、相手のとったある行動の目的を尋ねる時にどのような表現をしますか？
　１．その目的は何ですか？
　２．なんのためにそうしたのですか？
　３．なんでそうしたのですか？
　４．なぜそうしたのですか？
　このうち明らかに不適切な表現は４．です。これでは行動の意図ではなく

行動の原因や理由を聞くことになります。また、3．も意図を聞かれているのか、原因や理由を聞かれているのか定かでないので期待した答えが得られないことがあります。この場合適切な尋ね方は1．または2．になりますが、目的という表現はやや固いので日常会話では「なんのため」という表現がよいのではないかと思います。

　余談ですが、よく「なぜなぜ」と5回繰り返せば真の原因がわかるということが言われますが、この質問は状況によっては過去にさかのぼる尋問にもなり、相手を委縮させることがあります。ブレイクスルー思考は真実追求の思考ではなく「思いをかなえる」思考です。「なんのため」質問は、未来へ向かって相手に広がりや希望を与えます。今後はそれを意識して使い分けて表現しましょう。

(5) 目的を考えて得られること

　私がブレイクスルー思考をもっと普及させたいと思うのは、それが皆さんの生活やビジネスの発展に役立つからです。たとえば、皆さんが目的を考えられるようになると、次のような成果が得られます。

①行動（仕事）の目的が達成できる

　まずは、日常生活やビジネスでの仕事（行動）で目指していることが達成できるようになります。これは当たり前と思うかもしれませんが、私たちは行動の前に目的を考え確認する習慣を身につけていないことは、これまでに述べてきたとおりです。

　私は若いころはよく組織内で意見が食い違い、もめ事を起こしていました。仕事に対する思い（＝目的達成意欲）は人一倍強かったのですが、その思いの実現（本来の目的）について深く意識することはなかったので、短絡的にその場で沸き上がった思い（感情）にひきずられ、その本来の目的を見

失うことがありました。そのため打ち合わせなどでよく揉めることがありましたが、後年になってブレイクスルー思考を学ぶと自分の目的はその場の議論に勝つことではなく、相手の心を変えて協力してもらうことだと気づくようになりました。そしてそれからは口論や議論ではない方法、傾聴や受容による対話で信頼を築き協力関係を得るようなアプローチで目的を果たしていくようになりました。

このように目的が自分の中で明確でないと、行動が目的からずれてしまうため本来目指していた目的が達成できないことがあります。常に目的を明確に意識するようにしましょう。

②行動（仕事のやり方）が変わる

次のメリットは、目的が考えられ明確化することで、今取っている行動（仕事の仕方）をより適切なものに変えることができることです。ごく日常的な小さな事例を挙げます。優秀な女性新入社員の話です。その女性にある資料のコピーを何枚か依頼した際のやりとりです…

新入社員：「これは何のためにお使いでしょうか？」
私：「それは今晩実施する代理店向け勉強会の資料だよ」
新入社員：「それならお年寄りが多いので拡大コピーしておきますね」

新入社員は拡大コピーで資料を作成しました。何気ないやり取りと感じるかもしれませんが、通常の新入社員なら「はいわかりました」と通常サイズのコピーを取るだけでしょう。彼女はコピーという仕事をする際に何のためにコピーするのかという目的を考えたのです。私は彼女の主体性と目的意識に驚かされました。

このように日常の小さなこと、例えば電話やメール、ちょっとした打ち合

わせやプレゼンなど相手に対する何らかの行動をとる場合は、その行動によって相手からどのような反応を引き出したいのかという目的が、自分の中で明らかになっていれば、それぞれの行動が変わってくるはずです。

③無駄が省ける（効果性）

　その結果さらに得られることは、目的に直結しない仕事を選別し優先順位をつけることで、無駄な仕事をしないようになることです。これはタイムマネジメントを超えるタイムマネジメントで、個人でできる「働き方改革」といってもよいでしょう。日比野博士は実際これをある大企業で取り組んだことがあり、その時にはなんと30％以上の仕事が本人にとって目的不明だったそうです。また、同じ目的のために他の社員が重複して取り組んでいることが発見され、大きな業務改革につながったそうです。

　私もかつて経験しましたが、歴史のある企業では長年仕事が引き継がれ、今では目的が失われているにもかかわらずそれが延々と続けられていることがあります。これは会社全体にとって考えれば大きな無駄となっています。

　ここでブレイクスルー思考でいう効率と効果について少し触れておきます。「最初からやる必要のないことを一生懸命効率的にやることほど無駄なことはない」という意味合いのことを多くの人が語っています。ブレイクスルー思考流にいえば「効果性のないことを効率的にやるほど無駄なことはない」となるでしょう。ブレイクスルー思考では、効率とはそのシステムへの入力（仕事）と出力（アウトプット）との関係で定義され、同じ出力なら入力の時間やコスト・労力などが少ないほど効率的とされています。

　ただブレイクスルー思考では効率を考えることはもちろんですが、その前に出力と目的との適合性に焦点を当て、目的にかなっていない出力は効果がないと考えています。図２－４では、矢が的を射ているイラストがありますが、的に的中しているのが効果です。矢を放った瞬間に少しでも方向が外れ

ているのであれば、それは限りなく外れた方向に飛んで行くだけでしょう。的外れな方向にいくら効率的に矢を射ても効果性はなく、結局無駄であることには変わりがないということです。

④事実や現象に捉われない洞察や創造ができる
　最後は、目的を考えることで目の前にある事実や現象にとらわれることなく、本質を考えその先の先にある目的を考えることで新たな価値や未来を創造していくことができることです。最近どこの企業でも求められるのは発想力とか創造性ではないでしょうか？　前に述べたように誰しも欲しい能力ではありますが、ブレイクスルー思考ではそれが入手しやすいように構造化されています。

　私たちはつい目前に起こる現象や事実に目を奪われ、目に見えないその本質に迫ることを忘れがちです。あるいは眼前の事実が私たちの自由な発想や創造の足かせや妨げになっていることが多いともいえます。現実を注視し目を背けないことは重要ですが、現実へのより深い洞察や自由な発想で目には見えない新たなものを創造していく場合には、むしろ逆にいったんそこから離れることも重要です。

　この他にも目的を考えられることのメリットはいくつか挙げられます。例えば目的を自分で考えるということは極めて主体的・個人的な行為であり、誰かに教えてもらったり、これでよいのかどうかを確認してもらうことはできません。それは状況によっても異なってくるでしょうが、どんな目的を考え選択するかは本人が決めることです。そこは自己決定＝自己責任という原則が適用される世界です。目的を考えられることで主体性の発揮や回復が図られ、その確信の強さにより目的意識や達成意欲・使命感・思いが高まるという効果もあるでしょう。

　先日あるマネジャーからこういう話を聞きました。オフィスのレイアウト

変更に伴い、10名ぐらいの同じ仕事をしている女性社員で座席をどうするか話し合っていたのですが、特に年齢・キャリア・役職などの違いもないせいか、なかなか決まりません。そこでマネジャーは「このオフィスで座席を決める目的は何かをまず話し合って決めなさい」と指示しました。しばらくして覗いてみると見事に座席が決まっていたそうです。残念ながらどういう目的でまとまったのかは聞いていませんが、目的が決まればそれに沿って作業はおのずと決まってくるということですね。

また仮にあなたが後輩や傘下メンバーを持つ立場なら、何かにつけ「その目的は何？何のためにそうするの？」と一言、目的を問いかけることでコーチング的育成となり、その人を成長させることもできるでしょう。

ビジネスではわずかな時間でもよいので目的を考えるだけで、その効果はとてつもなく大きいものとなります。

2. 目的には階層がある

すべてのモノゴトがシステムであるとすれば、家庭も企業も1つのシステムです。システムには目的がありますから、ここで企業システムの目的を考えてみましょう。

これは企業ミッション（企業理念など）となります。ミッション（mission）という言葉は、もともと軍事用語で組織内では任務や使命などと翻訳されますが、一般的にはこれがその企業の存在目的・存在意義（社会におけるその企業の任務）にあたります。システム観で表現すれば、これがその企業（システム）の本質であり、社会の中で何をどうするためにその企業は存在しているのか、ということになるので、通常これは社会またはお客様に向けた表現となります。また社員に向けたメッセージも含めれば、それは社内をまとめる大きなベクトルにもなるでしょう。したがってそれは社内

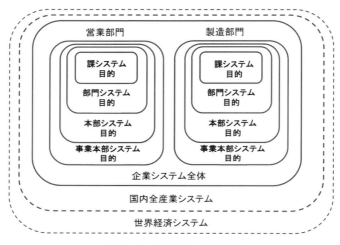

図2−5　企業システムの構造

外へ向けた戦略のよりどころにもなるものです。マーケティングの世界では「組織は戦略に従う」という考え方もあれば、「戦略は組織に従う」という人もいますが、組織も戦略もミッション（目的）に従うべきことは間違いないと思います。

　ここで企業組織と目的の階層について考えてみましょう。図2−5をご覧ください。企業は様々な構成要素が関連し合って全体をなしている１つのシステムです。そのシステムの中には営業部門も製造部門も本社部門もあります。そしてそのそれぞれの部門も１つのシステムとなっています。営業部門でも地域ごとにまたは事業部門ごとにいくつかの本部で構成され、さらにその中に支店、課、グループ、個人などの組織的要素（システム）があります。また、企業を取り巻くシステムとしては、そのシステムの上部システムとして、例えば同業他社→異業種や国内全産業→世界……など、それを超えて広がるシステムが存在しています。この図では空間的な広がりを示してい

ますが、実際には時間的な広がりもあるでしょう。そういう意味ではシステムは「重層構造」になっていると表現した方がよりイメージがわくかもしれません。

　各システムはより大きなシステムの構成要素となり、それぞれが関係性をもった巨大なシステムネットワークを構成しています。システムのこの特性をシステムの重層性と呼びます。

　そして、どのシステムも1つの目的を持っています。このようにシステムの重層性を階層としてとらえれば、それぞれの目的も階層になっていることを意味します。個人から始まり小さな所属組織もその上部組織もそれぞれ何らかの目的（ミッション）をもって仕事をしているはずです。目的はシステムの要（かなめ）ですから、システム観でモノゴトを観ていけば、ブレイクスルー思考でより大きな（システムの）目的をも観ることができることになります。そしてブレイクスルー思考を知らなくても先駆的賢人たちは、みな一様にそのような目でモノゴトを認識していたのです。

　企業が採用している目標管理制度などは、このシステムの階層性を活用したものといえるでしょう。目的は目に見えないので可視化した目標に置き換え、その目標を達成することでそれぞれの構成システムが連鎖して企業全体の目的・ミッションを実現していくことになります。目的と目標の置き換えや各システムの整合性（つながり）が適切であれば、個々の社員は日々の業務活動で自分の目標に没頭していたとしても企業全体の目標達成にに通ずる仕事をしていることになります。ただ私の経験では、一部の中間組織マネジャーは企業全体や上位組織のミッションやその整合性をあまり意識していません。ミッションを意識せず、どうして実現手段である戦略・戦術・方針・施策などを語れるのか不思議に思います。そしてその組織に属する社員も、そこを理解せずに仕事をさせられているとすれば、モチベーションの上がらない大義なき仕事で、組織全体のパフォーマンスは相当抑制されていること

でしょう。もったいないことです。

（1）目的の目的を考える、目的展開

　より大きなシステムの目的を考えることを「目的展開」といいます。目的展開という言葉もブレイクスルー思考で作られたものですが、「目的の目的を考える」などとも表現されています。目的展開によって考えられたより大きなシステムの目的を、「目的の系列」という場合もあります。目的の目的を考えるとさらにいろいろなことが見えてきます。

　あなたがホームセンターに行く途中、友人に出会ったとしましょう。

　友人：「何しに行くの？」
　あなた：「金属用ドリルを買おうと思って…」
　友人：「なんで（目的）？」
　あなた：「薄い２つの金属板に穴をあけようと思ってね」
　友人：「何のために穴をあけるの（目的展開）？」
　あなた：「２つの金属板をボルトで固定しようと思ってね（目的展開）」
　友人：「金属板を固定するためなの？」
　あなた：「そうだよ…！」

　ここまで会話が進んだ時、あなたはハッと気づきます。「ちょっと待てよ…、固定するためなら家にある万能接着剤でくっつけても同じだな！」と。この事例では次のページにあるような様々な示唆が得られます。

第Ⅱ章　目的志向と目的思考を強化しよう

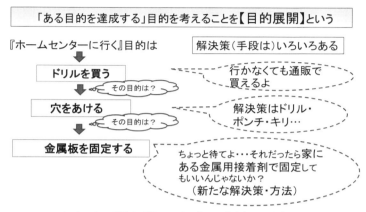

図2-6　目的を展開し、その先の目的と解決策を創造

① 目的を展開すると真の目的が見えてくる

「ドリルを買う」という最初の目的は、より大きなシステムの目的、つまり目的の系列の序章に過ぎなかったのです。そしてあなたは気づく。真の目的はドリルを買うことでもなく、金属板に穴をあけることでもない、金属板を固定することだと。

ドリルは穴をあけるものだという機能固着と同じように、最初に思い付いた目的＝穴をあけるという「目的固着」のようなものによって私たちの思考は停止されることがあります。このことによって私たちの貴重な資源、時間・エネルギー・コスト・機会などが、真の目的達成のためでないことで失われています。あなたがブレイクスルー思考を身に付ければこういうロスは回避されるのです。

② 1つの目的ごとにそれを満たす方法・手段は異なる解決策としていろいろ考えられる

この場合穴をあける方法はドリルでなくてもキリやポンチでもよく、固定

63

方法もボルトでなくて接着剤でもよかったのです。一般的には大きな目的になるほど解決策も多様に考えられるようになります。

③１つの問題に対して、様々な取り組み課題が考えられ、その目的のそれぞれに多様な解決策が考えられる。

　私たちは問題に出会うと問題そのものが固定され、解決策にも何か１つの正解があると思い込んでしまいます。このように思考が固定されることが私たちの様々な機会を喪失することにつながっているのではないでしょうか。

　私たちが何年も学んだ学校の試験に出される問題では、問題は試験で固定され、解き方も教科書で固定され、答えも１つの正解として固定されています。そこでたくさんの点数を取った生徒たちは優秀といわれますが、学校を卒業し社会に出るとたちまちその枠組みから外れることになります。

　これからどんな仕事に就くのか？　不合理な先輩とどう向き合うべきか？…。そこで直面する問題も解き方も一様ではなく、当然答えも１つの正解ではなく多様なものとなります。それが人間社会というものです。しかし、そんな場合でも学校で学ぶ思考に加えてブレイクスルー思考を脳にインストールしておけば、ひるむことはありません。それはまさにブレイクスルー思考の最も好む問題だからです。

　この目的展開という考え方を、これまで知識として
　システム観→目的→システムの階層性→目的の階層性→目的展開
という流れでご案内しましたが、ブレイクスルー思考でいう「先駆的賢人」達は、生まれながらそのような思考様式をもち、実践していることが確認されています。

　例えばダイエー創始者の中内功氏は、当時どのようにして自社の売り上げを業界トップまで押し上げてきたのかを、目的展開の形で語っていました。

〈ダイエー創始者　中内功氏の目的展開〉

　第二次世界大戦後、私は小さな薬店を開業した。そのうち私は自分の小さな薬局で、

①薬を売っている目的について考え始めた。薬を売る目的は人が病気になるのを防ぎ、

②健康を増進させるためであると気づいた。そこで私は自分の店を拡張し、薬だけでなく人々の健康を増進させるための関連商品までも売り始めた…。最終的に私は自分のビジネスの目的が、人々の健康を向上させるだけでなく、

③より良い暮らしを提供することであることがわかった。私はその目的のためにスーパーを発展させ始めた。我々は今、人々のより良い暮らしのための物質的な商品のみならず、

④人間の幸せのための"ソフトウェア"までも提供している。

　私は常にビジネスの目的を拡大し、ビジネスを毎年、毎月、毎日変えてきている。ビジネスの目的がなくなれば、そのビジネスは消滅し、われわれは生き残れない。われわれは常に目的を考え、常に新しい目的を発見する努力をしなければならない。

　中内氏の目的展開は、薬を売る→（その目的は）→健康を増進させる→（その目的は）→より良い暮らしを提供する→（その目的は）→人間を幸せにする…として、その解決策として商品やサービスそして業態も変貌させてきたのです。そして「我々は常に目的を考え、常に新しい目的を発見する努力を続けなければならない」と結んでいます。中内氏はここで目的を「発見する」と表現していますが、ブレイクスルー思考の目的展開はこのように新たな目的を発見していくための有効な方法となります。

参考までに先のカラス問題で目的展開をしてみましょう。
　カラスを追い払う→（その目的は）→カラスが金属などを持ち込むことを防ぐ→（その目的は）→カラスの巣作りを防ぐ→（その目的は）→電線への接触事故を防ぐ→（その目的は）→停電事故を防止する→（その目的は）→電力を安定的に供給する→→→(注) この辺まで目的展開をすると気づいてきます。ちょっと待てよ…我々の目的は電力を安定的に供給することであって、カラスを退治することではない。そして、それならカラスを追い払わないでそこにカラスがいても、カラスの巣があっても、電力を安定的に供給する方法（解決策）を考えればよい、と気づきます（先ほどの金属用接着剤と同じですね）。
　さらに目的展開していくと、「カラスと人間を共生させる」という目的にたどり着きました。その結果、採用された解決策はカラスが巣作りする場所にだけ現実的でコストも安い、通電しない部材でカラス用の人工の巣をあらかじめ取り付けてあげることとしました。私たちは目の前にある原因を排除しない限り問題は解決しないと考えがちですが、私たちが問題を解決する真の目的は、原因の除去ではなく私たちの目的が満たされることであるという認識が重要です。言いかえれば、取り組み課題が、「カラスを追い払う」から「カラスと人間を共生させる」へと切り換わったことになります。目的展開の詳しい方法や留意点などは後述します。

注）これは目的展開の例として私が説明用に考えたものですが、以降本書の目的展開表記で→を重ねて記載してあるようなところは、この間に何回か目的展開しているがその表記を省略しているという意味です。

（2）目的を展開して得られること

① 目的の再定義で未来や新たな価値の創造力

② 本質把握力・洞察力・リーダーシップ

③ 小さな目的のbreakthroughで効果性と競争力

④ 合意形成・対立解消・統合力

図2-7　目的展開で得られること

①目的を再定義し未来や新たな価値の創造力の強化
　例：新商品・新サービスの開発、新たなミッションやビジョンの創造…
　目的を展開することで私たちは未来の目的や価値を想像し、そのシステムを設計すれば未来や新たな価値を創造することができます。まさにアインシュタインの名言「想像は知識より重要である。知識には限界があるが、想像力は世界を包み込む」という言葉が思い起こされます。これまでブレイクスルー思考の実践家たちは目的を展開して新たな商品や価値・サービスを産み出し人間の生活の質を高め続けてきました。それは皆さんの身近に深く入り込んでいますが、企業秘密としてそれがブレイクスルー思考で考え出したものだと公言する企業はほとんどありません。以前はおおらかな時代でもあり、いくつかの企業ではそれを私たち（日本企画計画学会）の学会誌や書籍に発表し公表することもありました。例えば、冒頭の「はじめに」で紹介し

た「ジェットタオル」「ポキポキモータ」などいずれも大ヒット商品ですが、これは同社の一連のブレイクスループロジェクトから新たな価値として創造された商品です。

②本質把握力・洞察力・リーダーシップの強化
　モノゴトの本質を見極めたいと思う人は多いと思います。ブレイクスルー思考ではシステムの目的を本質としていますので、人生であれば、本質は私たちが何のために生きるのかということ、企業であれば本質はこの企業は何のために存在しているのかということになります。また洞察力とは観察と異なり目に見えるものの背景にある目に見えないものを見通す力といえるでしょう。そういう意味では、目的展開によりさらにその先の先にある目的まで見通すことができれば、あなたは見えていない世界を見通しそれを見えていない人たちにも見せることができます。それは自分の未来への指針にもなるし、見えていない人々に方向性として示すことで周囲に対するリーダーシップ発揮の源泉にもなるでしょう。

③小さな目的のbreakthroughで効果性と競争力の強化
　カラスの目的展開事例では、私たちは最初に考えた小さな目的「カラスを追い払う」ことを目的として解決策を考えずに、より大きな目的「カラスと人間を共生させる」という目的を達成することを考えました。もし鳥害研究所の研究員が「カラス撃退器」を解決策として世に出したとしても、それよりも大きな目的の段階で問題を解決してしまえば、もはやカラス撃退器の目的は失われ存在意義を失ってしまいます。
　最近、日本ではポケベルが姿を消したというニュースをTVで見ました。ポケベルを知らない方がほとんどだと思いますが、このニュースを見ると目的展開のことが思い起こされました。ポケベルとは仕事で外に出るときにポ

ケットに入れて持ち歩くもので、会社などでその人に用事があるときにはベル（ブザー）を鳴らしてそれを伝えるものです。このポケベルの目的展開をすると、ブザーを鳴らす→（その目的は）→用件があることを伝える→（その目的は）→用件そのものを伝える→（その目的は）→用件を果たす…。ポケベルは外出している人に用件があることを伝える目的を果たし一世を風靡しましたが、その先の目的である用件そのものを伝える携帯電話の出現で存在目的そのものがなくなってしまったのです。

また、携帯電話（ガラケー）もこの目的に特化したままのものは、さらにその先の目的である用件自体を果たしてしまうスマホにとって代わられています。いずれも、別の目的を考えるか目的展開でより大きな目的を訴求していかなければ、小さな目的としてthrough（通過）されてしまいます。

ブレイクスルー思考を学び目的展開ができるようになれば、皆さんは現在の他社の商品やサービスを通り越した目的を実現することで、全く異質なその先の目的を満たす商品やサービスを開発し、質的な差別化を図ることができるようになります。

④合意形成・対立解消・統合力の強化

多くの人間が集まり意見交換をすれば、意見の違いは必然的に生じてきます。それは当然ですがその違いこそが相乗効果の源泉でもあるので、むしろ大事にしなければなりません。しかし、実際問題としてそれをいかにまとめていくのかが組織的活動では1つの大きな課題となります。通常の要素還元的な思考での話し合いでは、もともと対象を細部に分けて話し合っていく傾向があるのでどうしても対立が起こりやすく合意形成が難しくなります。そういう時にブレイクスルー思考に長けているファシリテーターがいれば、目的展開をしながら話をまとめていくことができるでしょう。目的が大きく広げられると視野が広がり、もめていた小さな目的やその方法などで争う必要

がなくなります。

　離婚訴訟が多いアメリカの事例ですが、ブレイクスルー思考を活用できる弁護士は、離婚調停するときに夫と妻を、それぞれを別室にして結婚の目的を展開させるそうです。そうするとより大きな段階での結婚の目的では何の相違もなく、もめていたのは小さな目的だったり、子供の教育の仕方など小さな目的に対する解決手段にすぎないことに気づき、そこに話し合いの下地ができてくるそうです。その段階で二人を呼び、話し合いをファシリテートするとまとまりが早いといいます。

　多様な人間をまとめるリーダーやマネジャーあるいはファシリテーターなどは、ぜひブレイクスルー思考を学び、目的展開というスキルを身に付けるべきと思います。

　例えば、トヨタは昔からブレイクスルー思考を取り入れていると聞いています。そして近年、トヨタは「自動車を作る」会社から「移動サービスを提供する」会社への変貌を目指しています。このようなミッションの再定義は目的展開で考えると容易に考えることができます。自動車をつくる→（その目的は）→…→移動を提供する…この先もありそうですね。

3. 目的は目に見えない

　システム観でモノを観てすべてのモノゴトはシステムであるとは認めたとしても、システムそのものは目にしたり手に取ったりできないという特性があります。これは、そのシステムの目的が目に見えないことを示しています。例えば目の前にあるパソコン（パソコンシステム）を見ても、本体や構成部品は見えても、目的やある要素（部品）と他の要素との関係性やパソコンとあなたとの関係性なども目にすることができません。もちろん能力や操

作性や有用性あるいはそのレベルなども見えません。

　繰り返しますが、すべてのものをシステムとしてとらえるのであれば、問題も課題も解決策もすべてはシステムということになります。特にこれから問題や課題の解決策を策定しようとする私たちにとって、目に見えないものを作り上げるのは大変困難な作業となります。そこでブレイクスルー思考では目に見えないもの・未知のもの・新たなモノの創造のために、まずそれを目に見えるようにする作業を行います。その詳細は第Ⅲ章－4.の未来解フェーズのところでご案内しますが、ポイントはコンセプトとあるべき姿です。またシステムの見えないところを設計するためのツールとして同じく第Ⅲ章－5.の生解フェーズでご案内するシステムマトリクスというものが準備されています。

（1）コンセプトをつくる

　コンセプト（concept）とは、こんなもの・こんな感じというイメージのことです。ブレイクスルー思考では最初に目指す解決策システムのおおよそのイメージを思い描きます。もちろんこのイメージには、私たちが具体的に実現を目指す姿の本質すなわち目的や価値観が反映されていなければなりません。

（2）あるべき姿で視覚化する

　そこでブレイクスルー思考では、目的や価値観という目に見えないものを実現するために、それを目に見える目標という形に置き換えて実現を目指していきます。目標は目的を見えるように可視化・視覚化したものということができますが、そこには何を目標とするのかという目標の指標や目指す達成水準（目標値・ゴール）とそれが達成できているかどうかを測る評価基準（物差し）が必要となります。

これによりぼんやりとしたコンセプトを、より明確な「あるべき姿」として目に見えるようにしていきます。「あるべき姿」とはよくいわれる「ありたい姿・願望・将来像・ビジョン」のようなものですが、単なる理想や願望ではなくコンセプト（目的・価値観及びその実現方法の代表イメージ）を反映した目に見える姿のことです。

4. 目的は人と場で異なる

（1）全体を見てから部分を見る
　最近は情報ネットワークとか人と人とのつながりを示すネットワーク社会など様々なモノゴトを単体ではなく、それらのつながりの総体としてとらえ、全体の中でモノゴトをとらえようとする傾向が高まっています。ワークデザインやブレイクスルー思考が提唱されたころにはまだこれほどコンピュータやインターネットが普及しておらず、モノゴトをつながりあるシステムとしてとらえるというシステム観での認識はそれほど普及していませんでした。

　しかし現在ではどうでしょう？　温暖化の問題など自然環境はもちろん、政治・経済・文化、人間社会におけるすべての営みが地球規模でつながっていることを否定する人は誰もいないでしょう。森の中の一本の木のように、部分は他の部分とつながった全体の一部であり、全体の中で部分を位置付けていかなければ部分も全体も成り立ちません。これらは図1－5で示したシステムの特性である全体性と要素関連性を示すものです。

　その一方で、システムの全体性と要素関連性は解決策を新たなシステムとしてつくりだしていく時には1つのジレンマのようなものを生み出します。例えばシステムがこのように無限連鎖的なつながりにあると考えるにして

も、解決策システムを設計する際には空間的にも時間的にも、どこかでいったん範囲を限定しなければ作り出すことができません。網の目のように張り巡らされた既存ネットワークのどこに注目し新たなシステムを組み入れていくか、その判断により解決策が限定されてしまったり、場合によっては適切でない範囲を選択してしまい他の解決策や機会を見落としてしまう可能性もあります。

　だからこそブレイクスルー思考では、問題が存在するその部分だけを見るだけでなく、いったんはカメラをズームアウトするように時間的にも空間的にも問題や解決策の全体像を眺め、そこからズームインして対象としている問題に対する解決策を構築するという流れをとります。また未知のものを求めて森の中に道を切り開き、問題を引き起こしている一本の木に対して解決策を施そうとしていきますので、その際はすべて仮決定として進め、いつでも道を変更でき得る形で解決策を考えていことになります。未知のモノ・新たなモノを創造していく場合には、全体を見据えてから仮決定していったん考えを先に進めては立ち止まり、そこへ開けてきた視界からまたその先を見据えたり、いったん戻ってもう一度その道を見つめなおすという方法が１つのヒューリスティック（経験則）として最も合理的と考えています。

（２）課題と場を設定する
①課題の設定
　ここでの課題とは、第Ⅰ章で述べたように問題解決のため何に取り組むのかそのテーマのことです。ブレイクスルー思考では、まず問題（心に引っかかること）を、それでは何に取り組むのかという課題表現に切り替えるところから思考をスタートします。システム観でいえば課題を特定することは問題にまつわる無限連鎖システムのある領域を特定するということができます。ただこれを最初からあまりにも小さくしてしまうことは解決の機会や

空間・時間を狭めてしまうことになるので課題への切り替えはある程度の広がりを持たせたままにしておきます（具体的には第Ⅲ章で事例に基づきご案内します）。

②**場の設定**

　次に「場の設定」については、切り替えた課題に対して解決策を講ずるシステムの場面を特定します。これを劇場の舞台に例えて説明すれば、場の設定とはあるテーマ（課題）が解決策として公演されるその劇場や舞台を特定することです。「場の設定」として、この舞台の登場人物のなかで主役とすべき人間はだれか（誰の視点）、舞台はどこか（地理的・場所的・空間的設定枠）、上演はいつか（時間的枠組み）という3つの視点で劇場の舞台を特定していきます。

　もちろん様々な状況によりその他の要素で必要とする特定の仕方を変えることは妨げません。場合によっては準主役的な人間も考慮に入れなくてはならないこともあるでしょう。また、場所も空間的な限定として、地理的な場所に限らずシステム稼働のステージと考えても構いません。時についても時間的限定として単純に時刻ではなく、時間や期限・タイミングなどもあるでしょう。それらは皆さんが抱える問題や課題に応じて決めていけばそれで構いません。ただ無限連鎖している既存システムにあなたが求めるシステムを構築するにしても、ある程度領域を限定しておかないとシステムは構成しえないということです。範囲を限定しないどんな場面にも適用される解決策は、実際にはどこの場面にもジャストフィットされることはないでしょう。また先ほどお伝えしたようにそれはあくまで仮決定として位置付けますので、思考の途中で変更しても構いません。

（3）目的は人と場によって異なる

　ブレイクスルー思考では問題や課題の目的を考え、そこから解決策を導こうとします。その際目的は人と場によって異なることに留意しましょう。例えばこの本の目的について人間の違いで考えてみると、著者である私にとっては「ブレイクスルー思考を普及・推進するため」ですが、発行する日本生産性本部にとっては「生産性を上げるため」かもしれません。またこれを手にする読者にとっては「ビジネスにおける思考力や目的思考を強化する」ためかもしれません。また場所においてはこの本が書店に並べてあればその目的はお店にとっては「本を販売するため」であり、お客様にとっては「本を購入するため」となり、図書館であれば「本を貸し出すため」「本を借りるため」ということになります。人や場によって目的が異なればその目的を満たす方法（解決策）は当然異なってきます。

（4）特定解とは何か

　「特定解」とは、特定の場における解決策のことです。
　ブレイクスルー思考はもともと私たちの固有の生活や固有のビジネスの発展を目指していくための思考です。したがってどこの誰にもいつでもどこでも通用する共通の解決策、いわゆる「一般解」を導くものではありません。私たちに必要なのは、設定された場つまりその時その場のその人にとっての解決策であり、すべての企業に当てはまり、どんな時代にも、地球上のどこでも通用する解決策ではないはずです。通常のビジネスでは一般論など必要なく、そもそもそんな解決策などありえないでしょう？　必要なのはその企業のためのオンリーワンの解決策です。先のカラス問題の例でもあくまで山奥の送電線上の問題であり、都会のカラスにこの解決策を当てはめることはできません。
　しかし私たちには、ついつい一般解を求めたがる傾向があります。先に科

学的なモノの見方は要素還元的になりやすいと述べましたが、もう1つ追加すると科学の世界では基本的に一般解・共通解を求めることがほとんどです。学者の発表する理論は基本的に例外があってはならないはずです。しかし生活やビジネスはどちらかといえば例外の連続です。生活ではそこに個性発揮の場があり、現在では、どこのだれにも通用する商品やサービスでは、どこのだれにも通用しません。また、ビジネスではその企業だけの解決策・オンリーワンの企業戦略が創造されることになります。

　この考え方は、基本的にある範囲のシステムはそれぞれ固有のものであり同じシステムなどどこにもないという考え方から導き出されています。それは時間的にも空間的にも特定の場を形成し、そのシステムに関わる人間の多様性（ユニークさ）を反映してくることになります。今風にいえばブレイクスルー思考は、そのシステムや人間の個性や違いを生かすダイバーシティ尊重の思考であるともいえます。

この章のポイント

1. システムにはそれぞれ固有の目的がある。それゆえシステム観でモノゴトを見つめれば必然的に目的志向が強まり、それはあらゆるビジネスの根幹を担っている。しかし、私たちは目的を考えたり表現することに慣れていない。これを身につけることで、私たちはビジネスにおける様々なメリットを享受できるようになる。

2. 目的には重層性がある。それゆえ私たちは現在の目的の先にあるより広い先にあるシステムの目的、今は創造されていない見えない未来のシステムの目的をも考え出すことができる。この目的展開というブレイクスルー思考のスキルを身につければ、あなたは先駆的賢人と同じように

より大きなシステムの目的をも考え出すことができる。

3. 目的は目に見えない。見えないものは実現が困難である。それゆえ、ブレイクスルー思考では、目に見える実現イメージとしてコンセプトに基づくあるべき姿を設定する。これによりできあがった完成図に基づいて実現システムの設計図を作成することができる。

4. 目的は人と場で異なる。それゆえ私たちはその目的を核（コア）とするシステムの時空を広げ、まず、より広い全体から部分を見なければならない。これにより、より適切な部分にフォーカスして問題解決に取り組むことができる。そこで無限につながるシステムのフォーカスした一部分に手を入れるためには必然的にシステムの場を特定しなければならない。ブレイクスルー思考では最初に場を設定しその場における解決策（特定解）を創造していくことになるが、一般にビジネスではそうした姿勢が求められる。

ブレイクスルー思考―7種の過誤

　問題解決にあたりブレイクスルー思考では、日比野名誉会長の提唱する7種類の過誤に気を付けることとしています。いずれもよくみられる間違いですので説明に目を通して自分の身近にあった事例を1つずつ思い浮かべてみてください。きっと思い当たることがいくつかあるはずです。
　〈7種類の過誤に気を付ける〉
　第1種の過誤：やってはいけないことをする
　　　　…全体・本質が見えなくなり法律・道徳を犯す
　第2種の過誤：選択を間違える
　　　　…選択肢が少なく解決策を間違える
　第3種の過誤：目的・課題・問題を間違える
　　　　…最も恐ろしい過誤だが世の中に蔓延している
　第4種の過誤：タイミングを間違える
　　　　…解決策は正しいが時すでに遅し、または時期尚早
　第5種の過誤：アプローチを間違える
　　　　…企画計画の問題を分析アプローチで解こうとする
　第6種の過誤：管理過剰の間違い
　　　　…人間は管理するものではなく動機付けるものである
　第7種の過誤：部分最適化・思い込みの間違い
　　　　…システムが複雑化・巨大化して全体が見えなくなる

　第1種の過誤は、コンプライアンス違反です。視野が狭くなってしまうと本質が見えなくなり、気付いたら法律・規則・モラル・倫理など人の道を外してしまいます。特に組織内の利益や結果至上主義や上下関係の中とか、重要取引先とのしがらみ関係などで気が付いたらこの間違いを犯してしまったということも多いようです。時間と空間を広げて全体から部分を

見て、その行動の目的（本質）・本来のあるべき姿を見つめてほしいものです。

　第2種の過誤は、拒否の過誤とも言えます。本来受け入れるべきタイミングなのに自分の持つ狭い視野に閉じこもり、チャンスを逃してしまうことがあります。自分の考えや視点はあるとしても常に心をオープンにして全体から部分を観れるよう間口を広げておかないと、選択肢を狭めてしまうことになります。そのためブレイクスルー思考は【拡げてまとめる】という展開統合構造の思考プロセスを取っています。

　第3種の過誤は、目的や問題・課題を間違えて取り組んでしまうことで、最も恐ろしい過誤ですが世の中に蔓延しています。これは解き方の間違いではありません。そもそも間違った問題・間違った課題・間違った目的に取り組んで時間やエネルギー・コストを無駄にすることほど無意味なことはありません。この場合、意に反した答えしか出てこないのは当然です。

　組織内では自分が間違うのではなく上司が課題を取り違え、その解決を下に指示してくることがあります。特に問題が複雑化しているときに見当違いな解決策を思い付き、それが上司の指示として降ってくるときには本当に悲しくなります。

　第4種の過誤は、タイミングの過誤です。正しい問題・正しい課題・正しい解決策だとしても時期尚早や時すでに遅しということはビジネスでもよく起こりうることです。ブレイクスルー思考では、あらかじめ全体から部分を見て場を設定し、時間や空間や潮流についても適切なタイミングを外さなくなります。

　第5種の過誤もよくみられます。問題は様々な切り口で分類できますが、要素還元的な思考・科学的な思考でアプローチすべき問題とブレイクスルー思考でアプローチすべき問題を見極めて使い分けないといけません。ブレイクスルー思考では問題を5種類に分類してそれぞれにアプローチ法を定めていますが、前述したように、おおむね未来をデザインする（創る）企画計画の問題はブレイクスルー思考、過去・現在の事実・一般法則などを目指す研究の問題は要素還元的な思考と使い分けています。参考情報で

すが問題を、発生型・発掘型（設定型）・開発型（将来型）などと時系列と状況をミックスさせて分類したり、アプローチをミックスさせたりする問題解決法なども見かけることがあります。そもそもアプローチを間違ったことにより間違った答えを得てしまうことに留意しましょう。

　第6の過誤は管理過剰の間違いです。特にこれを取り上げたのは、人間をモノ・コトと同一視して管理しようとすることが様々な問題を引き起こしているからです。ブレイクスルー思考は人間中心の思考であり、人間は管理すべきものではなく動機づけるものであると位置づけています。人間の持つ可能性をどのように活かしていくのかが最も優先されるべきことだと考えています。だからこそ、ブレイクスルー思考ではモノやコトの一般的・普遍的機能ではなく、個々の人間の思い・目的に視点を切り替えたのです。管理過剰は人間を委縮させ、思考を停止させ、指示待ち人間を量産します。その当然の帰結として「当社の社員は主体性に欠ける」などと嘆いている管理職の愚痴を聞くことさえあります。

　第7種の過誤は、思い付き・ひらめき・直観の過誤です。これは時々ヒットすることもあるので全面的に否定するわけではありませんが、これらの確率は低いだけでなく、言語による伝達・共有もできないことが多いので本人にも他人にも再現性が確保されないのが問題です。

第Ⅲ章
ブレイクスルー思考の進め方
～（ケース）組織のミッション・ビジョン・バリューをつくる～

本章ではブレイクスルー思考の具体的進め方について、ある企業の職場にありがちな問題解決事例への対応と解決策創造の流れを紙上体験的にご案内し、合わせてブレイクスルー思考を活用した組織のミッション・ビジョン・バリューなどのつくり方をご案内します。

　やや概念的な説明も織り込みながらご案内する部分もありますので、読者の皆さんはそのプロセスを自分の実際のビジネスシーンなどに当てはめ具体的イメージを持ちながらお読みください。 またこの紙上体験はあくまで皆さんがブレイクスルー思考の進め方を学ぶことを目的としていますので、留意点を中心に説明し、必要以上の内容や成果物としての思考の質にはこだわらずにご案内していきますのでご了承ください。

1. 考える準備をしよう

　これから皆さんと一緒に、ブレイクスルー思考を使ってあるケースの問題解決を図りたいと思いますが、その前にそもそも、（1）問題は何か、（2）何について考えるのか（課題は何か）、（3）考える手順（4つのフェーズ）、（4）職場などで一緒に考える時の実際の進め方（ファシリテーション）、をご案内します。

（1）問題は何か（取り上げるケース）

　まずは下記のケースで一緒に考えましょう。

> 　舞台は、ある大手企業組織内の「〇〇能力開発センター」で、ここでは社員の能力開発業務を行っています。前任者の異動に伴い着任した新マネジャーM（センター長48歳）は、着任当初部門メンバー5人（A・B・C・D・E）の全員と個別面談をしました。その時の面談の様子を

一部再現してみます。やや長いですが、これを読んで皆さんはどのような問題意識を持つでしょうか？

（Ａさん：中堅社員33歳との面談）
Ｍ：Ａさんのメインの担当業務は何？
Ａ：マネジャー向け研修のアレンジです。
Ｍ：アレンジって？
Ａ：講師を手配して参加者に案内し研修センターで研修をすることです。毎年同じ内容ですが今年で３年目になります。
Ｍ：なるほど…３年目か…もう中核的な立場だね。ところでその研修でＡさんが目指していることは何なの？
Ａ：目指していることですか？　強いて言えば研修が予定通りスムーズに進行することです。遅刻や食事の手配など細かな問題が発生することがありますので結構気を使います。
Ｍ：気を使わなければならないんだね…ただ、それは研修実行に際しての留意点のようなものだよね。その研修の実行で目指す目的やゴールはどこに置いているの？
Ａ：その研修の目的やゴールですか？　それは私が決めることというより、それぞれの講師が考えていると思いますが…
Ｍ：そう思っているんだね…ただこの研修を企画して実行しているのは、この部門だからね…

（Ｂさん：若手社員28歳との面談）
Ｍ：…そうするとＢさんは中途社員の入社時研修をメイン担当としているわけだね。ところで入社時研修というのは「何のために」やっているの？
Ｂ：そういわれましても、あまり深く考えたことはないですが…最終的には

会社として即戦力を創るためじゃないですか？　採用しただけで現場配置しても戦力にはなりませんから…早く戦力化しないと人件費が無駄になります。
M：なるほど…会社経営全体の視点で考え、研修を行うのは即戦力をつくるため、と考えているんだね。Ｂさん個人としてはどうかな？
Ｂ：私としては当たり前ですが、それは自分の担当だからです。私はそれで給料をもらっているのですから…。それにみんなで仕事を分担して取り組んでいますので、自分の職責はきちんと果たさないと…
M：うーん、自分の担当だから、というのは「何のため」っていうより「なぜ」やっているのかという理由みたいだね。そしてそれは職責を果たすという責任があると考えているんだね。

（Ｃさん：ベテラン社員37歳との面談）
M：Ｃさんはこの部門のマネジャー補佐という役割になっているよね。今後よろしく頼むね。ところでこの部門の目指している方向性について確認したいのだけど、前のマネジャーとはどんな話になっていたの？
Ｃ：どんな話って？…特にそのことで話してはいませんが、方向性といってもやることは決まっていますので、みんな自分の担当業務にはしっかり取り組んでくれていますよ…
M：なるほど…ところで、個々の研修だけでなくて、各人がそれぞれ研修を担当することで全員で叶えたいことなんかは？
Ｃ：会社が定めたこの部門の業績評価基準が決まっていますので、それは年に数回マネジャーから発表がありますが…みんながそれぞれが分担された仕事に責任をもって一生懸命やれば、全体が達成できると思います。これが仕事の分担表です。チームワークをしていますので、仕事は研修ごとに完全に分担されています。それはみんなわかっているので他の人

の仕事にはあまり立ち入りませんが、部門内の人間関係はいいですよ。
M：そうですか…みんなで分担して部門全体の業績評価基準の目標値を達成するのが、全員が目指していることなんだね。

（Dさん：3年前システム会社より転職30歳との面談）
M：Dさんはシステムエンジニアをしていたんだってね？
D：はい、全く畑違いの仕事ですが3年前からこの部門で仕事をしています。今は周辺知識の通信教育と主に社内組織のことや業務に関連する研修コンテンツの作成及びそれらをWEBで行う場合のシステムサポートなどをやっています。あまり面白くはありませんけどね。
M：DX化の流れだね。面白くないって…？
D：私はせっかくやるんだったらコンテンツもデリバリーも、もっと革新したいと思っていますが、実際にはメンバーの合意も思うように得られないのでどこから手を付けてよいものやら…手がかりがつかめない状況です。
M：Dさんは、変革意識はあるがメンバーはあまりそれを望んでおらず、どうしたものかと感じているんだね…私も一緒に考えてみたいと思っているよ。

（Eさん：クラーク専任51歳との面談）
M：Eさんはこの部門での経験が最も長いのでいろんなことをご存じだと思いますが、Eさんが思うこの職場の一番の問題は何ですか？
E：今までセンター長からそんなことを問われたことがないので躊躇しますが…。私が思う一番大きな問題は、周囲の環境がどんどん変わっているのにやっていることが昔から全く変わっていないことです。この部門のメンバーはそれぞれ前部門での事情があって、どちらかというと不本意

な形でこの部門に転勤してきています。そのためセンター長を含め皆さんいずれかの時点で前職に復帰したいと思っており、専らここでは無事に一定期間を勤め上げることを考えています。もちろん与えられた仕事に一生懸命取り組んでいますが、はっきり言うと現状を変えるような大きな変化や変革までは望んでいないということです。

M：なるほど、そういえばメンバーは数年いるとここから代わっているようだね。なかなか鋭い指摘だね。

E：私は長いことこの職場にいるので研修などでここに訪れる社員とも親しく話すことがありますが、参加者からもあまり期待されていないように感じています。Dさんは今のところ多少の変革意識はあるようですが、それも長くは続かないんじゃないでしょうか？

M：うーん、Eさんがそこまではっきりと私に伝えてくれるということは、Eさん自身は研修を中心とした今の業務活動全般を見直した方が良いと思っているんですね…

　皆さんは、この状況でどんな問題意識を持ったでしょうか？　第Ⅰ章でご案内した通りブレイクスルー思考での問題の定義は「心に引っかかる事項」でしたね。皆さんがMマネジャーだとしたらこれを読んで、何が引っかかりましたか？　受け止め方は人によって違いますが、何も引っかからない人には問題は存在していないことになりますね。ブレイクスルー思考による思考習慣を持つと、どんな状態であれ、現状と自分の思う究極の理想とのギャップは必ず存在しますので、そこに「心がひっかかる」ようになります。そしてそこへの関心が変革へのエネルギーを産み出すことになります。

　さて本ケースのMマネジャーはこの面談を通じては次の３つの引っかかり（問題）を感じました。

第Ⅲ章　ブレイクスルー思考の進め方

【本ケースでのMマネジャーが感じた問題】
①個々の業務ではなく部門全体で目指す方向が不明確で共有されていないこと。
　何のために様々な研修を行い、一体この部門はどこへ向かおうとしているのか？　部門の夢や思い、そこへ向かうエネルギーをどう創出させたらよいのだろう？
②能力開発の1つの手段としての研修の実施が、業務活動の目的のように位置付けられている。また真に部門が目指すことを実現する方法は研修以外にはないのか？
③メンバーは分担された担当業務に熱心に取り組んでいるが、それぞれがバラバラに活動しており、これだけでは真のチーム活動としての相乗効果が得られない。私の役割はチーム活動の成果を最大化することだ。

　しかし、一方で手ごたえも感じていた。メンバーの人間性や関係性も良いし、みんな懸命に業務に取り組んでいる。この部門をうまくまとめていって彼らに潜在するエネルギーをもっと引き出せれば…一人一人が一時的ではなくこの職場で新たな夢を持ってくれれば、部門ももっと大きな存在になる……メンバーと一定の信頼関係が出来上がったら、今のこの状況を活用してこれまでの流れを変えていこう。これはやりがいがありそうだ……

（2）問題を課題に切り替える

　ここで再度、第Ⅰ章の図1-6要素還元的な思考とその問題解決法をご覧ください。
　ブレイクスルー思考では、通常の問題解決（要素還元的な問題解決）の手順のように、「まずは多くの情報を収集・分析して真の原因を発見し、それ

を取り除くことを課題として、問題発生前の状況に復元することで問題は解決される」という考え方を取りません。これでは第Ⅰ章の【カラス問題】に対応した電力会社の研究員と同じになってしまいます。またどんな場合でも原因が除去されずそこに存在している限りその問題は解決されない、という誤った信念に捉われてしまいます。このような思考ではせいぜい原状回復しか得られず、究極の理想を求めて大きな変革にチャレンジするような大胆な発想など得られようがありません。

　それでは問題を解決するための課題（何に取り組むか）をどのように特定していけばよいのでしょうか？

　ブレイクスルー思考では、万物（すべてのモノ・コト）をシステムとして認識するのでしたね。そうすると問題も課題も解決策もシステムとして存在していることになります。システムには多くの要素が関連し合っていますから、例えばある問題についても様々な要素（原因を含む）が複雑に絡み合って問題の現状を構成していることになります。それらの要素の中でどこに手を付けたらよいのか（何を課題とするのか）については、それを問題解決や課題の目的から考えて特定していこうとするのがブレイクスルー思考です。

　それではそれ以外の他の要素は放っておいていいのか？ということが心配になる方もおられるかもしれません。皆さんは、○○を契機としてその後状況が大きく好転していった…あるいは、××をきっかけに次々と悪循環が生まれてしまった…等の経験はありませんか？

　モノゴトの現状はそこに働く様々な要素が均衡した状態として、現在の問題状態で静止しています。物体が様々な方向からの引力や圧力が均衡を取って現在の静止状態にあるのと同じ見方です。物体同様モノゴトの現状はそこに少しでも正や負の力が加わればどちらかの方向へ動き出します。これが好循環・悪循環を生み出すきっかけとなります（この考え方はクルト・レビ

ンの場の理論─力の場の分析に従っています） またシステムの連鎖性（つながり）から観ても、あることに対する好循環は他の要素やシステムとつながっていますのでそこへの対応が為されれば、その好循環が広がっていくイメージも理解できると思います。

　最初の段階で原因追求などあまり細かな分析などに入らず、問題を認識したら、まずは単純にそれを解消（解決）するような逆表現を課題と考えるぐらいでよいでしょう。
　例えば、
問題：遅刻が多い→課題：遅刻を解消する仕組みをつくる
問題：コミュニケーションが悪い→課題：新たなコミュニケーションシステムをつくる
問題：会議で意見が出ない→課題：意見が出やすくなる会議を考える

　ただし、これはそのままその課題に取り組むことを意味しているわけではありません。最初の課題設定は、真の課題である目的を探索するためのキッカケに過ぎません。ただし経験の少ないマネジャーは問題に対して下記のように考え解決に取り組もうとしますが、それではあまりにも拙速すぎると思いませんか？
　例えば、
問題：人・モノ・金・時間…（リソース）が不足している→課題：リソースを補充する

　もちろんそれが叶うならそれでよいかもしれませんが、このご時世ですからそれは難しい場合がほとんどでしょう。それではカラス問題のように、カラスがいる→だから排除する、と同じです。そこで思考停止にならずに何の

ためにリソースを補充するのかをよくよく考えれば、そこにはさまざまな目的があることがわかります。例えば、今と同じパフォーマンスを維持したい・今以上に成果を出したい・加重労働を避けたい……そのためには？を考えていくのがブレイクスルー思考です。その仕事の目指す目的を考えて、今と異なる仕組み（解決策）も考えなければなりません。
　組織内での課題の設定に対してもう１つ留意すべきことがあります。それは課題が仕事として上司から飛んでくる場合です。この場合はその上司の心にひっかかった事項（問題）に対し上司自身が自分の思い付きで課題を設定している場合があります。例えば第Ⅰ章で取り上げたカラスの事例でも、研究員は「カラス撃退の方法（解決策）を考えよ」というのが課題になっており、問題（停電）に対し誰もその課題が適切かどうかの確認はされていないのです。
　他の事例ですが、以前に各社からの新商品開発部門の人が集まったセミナーが開かれたことがありました。あるエアコンメーカーの開発員は営業部門のトップから「当社のエアコン室外機は重くて一人で設置できないので量販店から敬遠されているようだ。そのエアコンの室外機を軽量化せよ」という依頼（課題）をもって参加していました。そこで室外機の部品の軽量化についてあれこれと対応を考えていましたが、ブレイクスルー思考で考えると、まず上司の問題はそのエアコンの売れ行きが芳しくないことや一人で設置できないことであり、それへの課題は売れ行きの回復や一人で設置できるようにすることです。こう考えると一人での設置についての課題は「軽量化」だけではないことが明らかですね。例えば室外機を分割して現場組み立てにすれば一人で設置が可能でしょう。さらに言えば課題は「一人で設置できるようにすること」であり、「軽量化」はそのための上司の思い付きによる解決策・手段と位置づけられます。現場ではこのような不適切な課題への取組や解決策が、日々仕事として指示されてくることがあり、これではそれを受け

る社員の創造性や仕事の愉しみや意欲は失われていきますね。

　最初に問題を解決する目的を考えればそれに対する課題や解決策はいくつも考えられるので、その中で問題の本質（目的）を外さずにもっと簡単に取り組める最適な課題と解決策を選択することもできたはずです。上司などの依頼や指示事項であれば対応が難しい場合もありますが、合わせて他の解決策も提案できるようにしておきたいものです。ここでも一歩引いて全体から部分を見る目が必要ですね。

　それでは、本ケースの場合Mマネジャーはどのように問題をとらえ、課題を設定し、解決への道を考えていったのでしょうか？　Mマネジャーの感じた一番大きな問題は①の部門全体で目指す方向が不明確で共有されていないことでした。

　チームのベクトルを合わせるには目指す方向を明確に示さなければなりませんが、これをマネジャーが基本方針などとして朝礼で繰り返し伝えたり、ポスターを作って張り出したりしても共有されていかないことは、Mマネジャーのこれまでの経験で十分わかっていました。「自分が考えた結論を押し付け説得するのではなく、どうしたらメンバーは自らその方向を目指すことになるのか？…それにはその結論に至るプロセスの共有と結論に対するメンバー全員の納得が必要だ…」

　そういうことを考えているうちにMマネジャーには１つのアイデアが浮かびました。Mマネジャーはブレイクスルー思考を使って前職で企業全体のミッション・ビジョン・バリュー（以下MVVと略記）の作成を率いたことがありました。

　「そうだ！企業全体と同じように、このチームのMVVを話し合ってメンバーとともに決めていったらどうだろう？　そうすれば部門の目指す方向（目的・目標など）はその過程で自ずと明らかになるし、その検討と決定プロセ

スにメンバーが参画することでMVVの言語表現や文字面だけでなくその真意が共有されるはずだ。そしてそれがドライバーになって手段としての研修など様々な取り組み実行への道も開けてくる……またみんなで力を合わせ1つのことに取り組むことを通じてチームビルディングもできるし、ブレイクスルー思考の考え方を学ぶことができる。さらにその作業を通じて目的志向やお客様志向・成果志向などももっと深まるはずだ…」

> **【本ケースでMマネジャーが設定した課題】**
> 　部門の目指す方向を業務活動のあるべき姿としてブレイクスルー思考を進め、それをもとに部門MVVを考える。その後、そこまでにメンバーと話し合った結果を踏まえ、部門のコア業務である研修の実施について見直しをしてみよう。

　これは本章の趣旨に沿ってブレイクスルー思考の全体の流れを理解するために設定した課題ですが、「部門の目指す方向性を定め、そのあるべき姿の実現」という課題を通じて「MVVの創造」という課題を重ねた状態になっているのでやや複雑な構成になっています。

　なお本ケースのMマネジャーはチームの構成要件のうち、共通目的（方向性）や協働意欲という点に着目していますが、他にもメンバー間のコミュニケーションや人間関係、モチベーション、評価制度…流行語を使えばエンゲージメント・心理的安全性…など問題を構成する要素にはキリがなく現実的にすべてのことに手を打つことはできませんが、ご案内したようにその場に働く影響力ある一手を課題として取り組むことによってそのプロセスを通じて様々な状況が好転してくるはずだという確信を持っていたのです。

　Mマネジャーは着任数か月後メンバーとの信頼関係も醸成されたタイミングで自分の考えをメンバーに伝え、研修センターでの1泊2日の合宿でこれ

に取り組むことになりました。

　なお合宿前にMVVなどについては以下のコラム程度の共通理解を持ちましたが、MVVにあまり馴染みがない方はこの節のコラムを参照してください。

（3）4つの思考フェーズで考える

　次の図3-1がブレイクスルー思考の4つの思考フェーズで、思考を思考法として流れが示されていますのでこの手順を踏めば誰でもブレイクスルー思考を活用することができます。なお本来思考はつながっておりこの4つのフェーズは絶対的な区分ということではありません。このような構造化やフォーマット化は思考の硬直化につながることもありますが、ここは皆さんの使いやすさを優先しています。各思考フェーズの上に記してある表現も記憶しやすくするために本書で独自に付記したものです。

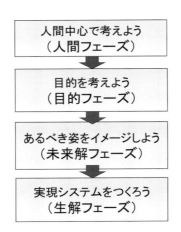

図3-1　思考を構造化し思考法として考えやすく

①人間フェーズ

　ブレイクスルー思考では問題も課題も解決策のすべてを人間の営み、人間中心のシステムとして観ています。そのため第Ⅱ章では解決策の場を1つの劇場の舞台に例えて、その劇場の場所と公演日そして様々な登場人物の中で主役を誰にするかを特定すると説明しました（場の設定→特定解）。しかしシステムとして考えていく場合、関係者は舞台の登場人物だけではありません。脚本家・監督・照明係・大道具小道具係・チケット販売・スポンサー…そして最重要関係者である観客など多様な関係者（要素）で成り立っています。そのため関係者をこの公演（解決策）にどのように参画させ巻き込んでいくのかという全体シナリオをあらかじめ計画してから実行に導きます。図1-2で示したように実行とは「時間とともに関係者の心と行動を変えていくこと」でしたね。このようにブレイクスルー思考では最終ゴールである目的達成に向けて、最初の段階でその全体像を眺め、その後対象部分に手を入れていくという手順を踏みます（森を見てから木を見る）。

②目的フェーズ

　次に主役の立場で問題や課題解決の目的を考えていきます。またさらに、その目的を展開し先の先の目的をも見据えてから着眼目的を決定します（ここでも全体から部分を見る）。着眼目的が決定されたら、次にその目的の実現に対し主役が求める理想や願望を新たな価値をとして付加します。実際には最初に設定した課題ではなく、多くの場合ここで再定義された目的と価値（観）の実現を真の課題として取り組みます。

③未来解フェーズ

　目的フェーズで設定した価値（観）を指標として、その評価基準をものさしとして目標値を設定します。目標値にはまず究極のあるべき姿を導く値を

設定し、そこから実際にチャレンジするあるべき姿を導く目標値を設定します。その後、その実現方法も含めたイメージをコンセプトとしてできるだけ視覚化し明確化します。コンセプトを明確化することによって同時に次のフェーズで策定する実現システムのアイデアやヒントも得ることができます。

④生解フェーズ

　最後に解決策を実現するシステムをデザイン（設計・構築）します。この解決策は新たなシステムとして創造され将来の変化をも織り込んだ動的な解決策で生解＝リビングソリューション（living solution）として描かれます。通常の思考による企画や計画では、考えたことを実行するシステムがデザインされないために実行までに至らないことが多いですが、ブレイクスルー思考では最初から、考えたことを実際に実行し成果を生み出すということを最終ゴールとしています。

（4）響創対話（LOD）のファシリテーション

　ここで皆さんにブレイクスルー思考をグループやチームの話し合いで進める【響創対話】という話し合いの流れや方法をご案内しておきます。これは日比野博士がとりまとめ【響創会議】と名付けているものですが、もちろん造語で一般的な呼称ではありません。響創とは、参加者が響き合いながら話し合い相乗効果を創出することで新たなモノを作り出していくイメージを表しています。ここでは私が「会議」を「対話」というふうに呼称を変えていますが、その理由は会議というと一般的に、あるテーマについて議論や討議を行い、最終的に多数決などで結論を出すというイメージが皆さんに伝わってしまうと思えるためです。響創対話という表現でどちらかというと会議ではなく、参加者の持つ立場や背景、それによる視点の違い、個々人の目的や価値観にまで入り込んで理解を深めながら話し合いを進めていくイメージを

浮かべてもらえるとよいと思います。個の尊重と活用そして目的的に話し合い、グループ活動に発生しやすい「社会的手抜き」を防止しながら、異なる考えを統合し相乗効果の創出を目指していきます。

　また実際には話し合い時間には自ずと限度があり、どうしても一定時間の中で結論を出さざるをえませんが、このような途中での結論はあくまですべて「仮決定」としての位置づけとなります。仮決定して話を先に進める理由は、ビジネスのテーマのほとんどがいわゆる「不良定義問題（第Ⅳ章参照）」のようなものだからです。ブレイクスルー思考では未知の領域に足を踏み入れ新たなものを生み出すことがほとんどです。ビジネスでどんな組織でもそして誰しもが欲しがる創造の世界です。この５人も新たなＭＶＶを創造しようという課題に直面しているのです。新たなもの・未知のものを考えだす場合には思考は直線的に進むことはありません。むしろ行ったり来たりしながら、みんなでおぼろげに見え隠れするものの揺らぎの幅をせばめていきながら、次第にくっきりと見えるように明確化していく流れです（複雑系思考と呼びます）。仮決定というと皆さんの中には「仮説－検証」のようなイメージが浮かぶかもしれませんが、これから創る未来のことゆえ検証はできません。これは「先駆的賢人」による知恵、経験則（ヒューリスティック的探索）のようなものですが、言ってみればそれをできるだけアルゴリズム的にしておこうということです。

　響創対話では話し合いの始めにファシリーダー（ファシリテーター兼リーダー）を決めて、その人のリーダーシップでfacilitateしていきます。ファシリーダーはファシリテーターのように中立の立場ではなく自分も意見を述べ、時間が来たら仮決定して話を先に進める権限と責任を持ちます。５人で話し合うのにファシリテーターを５人とは別に立てる余裕がない方が普通だからです。また未知の世界に行くのにいつまでも最初のステップでの結論が出なければ、話し合いはいつまでたっても先に進んでいきません。とはいえ

ファシリテーターは話し合いのコンテント（内容）だけでなく水面下のプロセス（グループプロセス）に留意し、過度なリーダーシップを発揮しないようにすることも求められます。

あとは通常の話し合いのように書記やタイムキーパーなど役割分担をしますが、余裕があれば、だれかが【主役】の役を演じるか実際の主役の立場の人に話し合いに加わってもらうこともあります。主役というのは通常は解決策の最終ユーザーとしておくことが無難です。

なお響創対話ではこの他にピーター・エルボーの信用ゲームやアレックス・オズボーンのブレストの4つの原則、川喜多二郎のKJ法（カードKJ法）なども活用していきます。

なかでも信用ゲームで話し合いをすすめ、すべて肯定する・否定しない・議論しないこと、イメージやユーモアを大切にしていくこと、眉をひそめず沈黙せずみんなが声をだして笑いが絶えなく沸きおこるような雰囲気を維持しながら進めること…などをグランドルールとします。

こうして一見すると突飛であったり、つまらないように見える考えも臆することなくみんなの前で表現できる安全で安心な場を作りながら、意見の完全一致はないものの「私の案を私たちの案」合意案（コンセンサス）へと昇華させます。

また図3-2にあるように、この話し合いは「拡げてまとめて決定する」という流れで進めます。ここでは創造技法でよくみられるような発散だけでなく収束（統合）プロセスも含んでおり、「展開統合思考」といわれています。英語表現ではList（拡げて：個人の考えを参加者がポストイットなどに書きだす）、Organize（まとめて：1人ずつそれを話し合いの場に公開し全員で対話を重ね共有理解を進めると同時に発展統合させる）、Decide（決定する：全員で話し合い、どの案またはその組み合わせや派生した案などの統合案で合意し仮決定する）と表現し、時間が来ても決まらない場合はファシ

リーダーが仮決定します。この話し合いのプロセスをList→Organize→Decideの頭文字をとってLODと呼んでいます。

1. 個人で考え、ポストイットに書く(List)
2. それを見せ合いチームで検討する(Organize)
3. どれか一つに決定する(Decide=仮決定)

LOD（響創対話）グランドルール
＊否定・批判・議論厳禁（すべてを肯定） ＊質より量 ＊改善結合
＊自由奔放 ＊イメージ・ユーモア・発声・発話を大切に
＊ファシリーダーは時間が来たら仮決定して先に進めよ！

※ファシリーダー（ファシリテーター）・タイムキーパー・書記などの役割を決めて時間内で進行
※ファシリーダー＝ファシリテーター＋リーダー

図3-2　チームで考える時は、LODプロセスで

　最初にファシリーダーがLOD全体の時間枠（例えば30分）を示し、更にL：5分、O：15分、D：10分などと決定し、タイムキーパーに時間管理を依頼します。
　例えば目的を考える場合は
① （List：独創・拡げて）ガイドラインに従って各人がポストイット1枚に1つの目的を考え書いていきます。必ず1枚のポストイットに1つのアイデアを書かないと、次のO（まとめて）でのまとめ作業が困難になります。またこの個人作業は自由な発想で最初に必ず全員参画で行うことが社会的手抜き防止や多様性活用-相乗効果やのちの実行の保証の源泉でもあり、アイデアを思い付いた人のみが（瞬間に消えてしまうような）口頭で行うのではなく、必ず記録することが重要です。
② （Organize：響創・まとめて）全員のアイデアを机上または壁などに張

り出し、一人ずつその思い（背景など）を共有し、分類したり、順番を入れ替えたり、カテゴリーでまとめたりしながらどれが採用すべき適切な目的かを全員で検討します。
③（Decide：決定・統合する）その中からこれだ！と思える目的（着眼目的）を１つ選んでグループで仮決定するという流れです。

図３－３に響創対話の効果性などをまとめておきますので、リーダーの方は日常の会議や打ち合わせにもぜひLODプロセスを取り入れてみてください。

- ポストイットだけですぐに始められる
- 話が空中戦にならず見える化できる
- それを見て改善、結合、派生が生まれやすい
- すべてに意思、思いを残せる（参画）／まとめられる（結合）
- 仮決定という限りある時間での現実に即した効果的運営
- まず個人で考えるので「社会的手抜き」がない（参画巻込）
- 「心理的安全性」の確保された「信用ゲーム」運営
- 「多様性受容」による「相乗効果」の創出
- 議論と異なり敗者は出ない
- 意思決定プロセスに参画でき、実行へのモチベーションが高揚

図３－３　響創対話（ＬＯＤ）の効果性

この節のポイント

1. 課題の設定は原因除去の観点より理想実現を目指した解決策創造の取り組みとし、それが他人から課された場合には、問題と課題のつながり（論理的整合性）も再検討する。

2. 思考を思考法として４つのフェーズに分けることで考えが進めやすく

なると同時に、ブレイクスルー思考の基本的なスタンスや考え方がそのプロセスに織り込まれる。

3．ビジネスでも家庭生活でも人間社会の問題や課題は、より大きなシステムの中にあり一人では解決できない。ゆえに響創対話（LOD）によって関係者を参画巻き込みしながら進めていく。

第Ⅲ章　ブレイクスルー思考の進め方

ブレイクスルー思考によるＭＶＶ創造

　第Ⅰ章で述べた通り、ブレイクスルー思考では万物をシステムとして認識し、「システムとは、ある目的を統合の軸として様々な要素が関連し合って全体を構成しているもの（目的性・要素関連性・全体性）」と定義されていました（図１-５）。その様々な要素を統合する軸が目的ですから、目的がなければそのシステムはバラバラな要素の集まりに過ぎません。そして万物がシステムであれば当然に企業などの組織もシステムであることになり、システム統合の軸は目的となります。本ケースでは目的の共有がないためにチームメンバーという要素はバラバラ状態にあるわけです。このように形だけは組織（チーム）となっていても実態はバラバラの人やモノの集合体では、それらが関連し合って生じる相乗効果は創出されません。Ｍはこのような集合体の単なる管理人ではなく、マネジャーですからこの組織（システム）のマネジメント（管理ではなく経営）を行い、相乗効果を創出させパフォーマンスを最大化するという役割を担います。
　ＭＶＶは一般に企業システム全体に対して定義されますが、ブレイクスルー思考の考え方からすればシステムには重層性や階層性があるので、より大きなシステムとして極端に言えば従来の企業の枠を超えることもあり、またより小さなシステムとして企業内の個々の組織や部門、チームあるいは個人にまでその考え方を及ぼせることも可能であり、ＭＶＶは組織の様々なレベルで階層的・重層的整合性を整えつつ創造することができます。

Ｍ：ミッション
　一般にミッションとは、『その企業の事業領域における存在目的や存在意義は何であるか』ということ、すなわち「その企業は何のために社会に存在しているのか」ということです。もともとはその企業を興した創業者の経営の意図（思い）ですが、具体的な事業活動で目指すところといってもよいでしょう。
　システム的に言えば目的とは『そもそもそのシステムは何をどうするた

101

めのものか』ということ、人間中心に表現すれば【そのシステムに向き合う人間がそのシステムを稼働・作動させる意図・狙いは何か】ということになります。したがってここでミッションとブレイクスルー思考でいう目的が紐づけられることになり、目的が明確になればそこからミッションが導かれることになります。

　企業はそれを明文化・文章化しミッションステートメントとして企業内外に示し、それを企業経営の根幹に据え経営戦略の策定や経営管理の遂行を行おうとするのがいわゆる『ミッションマネジメント（ミッションによる経営）』というものです。主役を社員と考えそのミッションを遂行する立場から表現すればミッション遂行の行動・活動・仕事は『任務や使命』などと表現されるかもしれません。なお　ブレイクスルー思考は英文で執筆され、目的をパーパス（purpose）という英語で表記していますが、その意味はあまり厳密に定義されておらず目的の他に文脈に応じて意図・効用・使命・任務など様々な意味で使われています（機能という翻訳は物的・一般的・共通的なイメージを連想させますので現在のブレイクスルー思考では使いません）。

　ところで、最近はミッションに加えてパーパスということが言われています。そこではパーパスは『社会のWHY（なぜ：原因・理由）に応えるもの』として位置づけられ、「その企業はなぜ社会に存在するのか」を「社会における存在意義」として、MVVに加えて別途定義することを提唱しているようです。ブレイクスルー思考でいうパーパス（目的）は過去・現在における原因・理由ではなく、どちらかというと未来に焦点を合わせた目的としてその企業や組織（システム）は『WHAT＝何を行うために社会に存在しているのか』ということを示しています。

V：ビジョン

　次にビジョンとは何かということですが、一般的には『その企業の願望する理想の将来像のこと』です。ビジョンとミッションは並列で相互補完するものという考え方もありますが、ブレイクスルー思考ではミッション＝目的がその企業の活動の意図するところ・目指すところを表現しているので、ビジョンはその行動によって成し遂げられた目的のあるべき実現状態＝理想像』として位置づけられます。目的は目に見えないので実現や追及が難しいですが、ビジョンとしてより明確なゴールとして具体化されたビジュアルな世界、より可視化されたあるべき姿のコンセプトイメージま

で持ち込めれば、それを目標として追及と実現に近づくものと思われます。
V：バリュー
　バリューとは何でしょうか？　一般的には『経営活動（目的達成へ向けた実践活動）の際に拠り所とする原則や価値観である』とされています。ミッション遂行やビジョン実現に向けて活動する際に組織やその構成員が大切にすべきこと・価値をおくこと・守るべきことやその判断基準等を表しており、日本語では、『社是・社訓・行動指針・行動規範・判断基準など』と言われるようなものがこれに該当します。
　これはブレイクスルー思考における「価値観」に符合します。目的フェーズにおける価値観は着眼目的遂行の際に何に価値を置くべきか・何を大切にすべきか、ということを含んでいますので、主として目的表現の動詞部分に付加する価値観がバリューとして位置付けられます。

ドメイン：事業領域
　本ケースでは取り上げていませんが、ブレイクスルー思考では特定解を求めているので、最初に『どこのどんな企業で、いつのことを、誰の視点で考えるべきか』ということを明確化することとしています。人間フェーズにおける関係者のリストアップや参画巻き込み計画で考える主役や場の設定は、その企業のドメイン（事業領域）を明確化することに符合することになります。

ストラテジー：戦略
　戦略（ストラテジー）については、ミッションを達成していくための手段や仕組みと位置付ければ、未来解フェーズのコンセプトアイデアから生解フェーズのシステムモデルの転換処理のデザインがこれに当たると思われます。ブレイクスルー思考では必ずしも市場における差別化要因としての競争戦略を指しているわけではありませんが、それまでの過程における特定の市場（主役や場）に優れた着眼目的やオリジナリティある価値観等を付加することによって質的差別化も確保していきます。

　ところでMVVを考える際に、誰を主役と見立てて、すなわち誰の視点でこれを考えるべきか、ということに迷いが生じる方もあると思います。結論的にいうと、ブレイクスルー思考を活用してMVVを創造する場合、MVVが社会に向けてのメッセージであることに加えて、それが社内の業務活動をまとめる軸やベクトルともなることから、社員とお客様の両者の

視点で目的を考え最終的には社会に向けたメッセージという形で表現すべきと思います。このようにブレイクスルー思考によるMVVの創造や明確化とは、あくまでブレイクスルー思考によって考えられた目的・価値観・あるべき姿をMVVの拠り所としていますが、実際の表現はその組織やお客様に対応したものに焼き直します。

　以上のことからブレイクスルー思考によるMVVの創造では、最初の人間フェーズで特定の場（ドメイン）を認識し→目的（ミッション）→価値観（バリュー）→あるべき姿（ビジョン）→システム（戦略・ストラテジー）という流れで考えていくことになります。

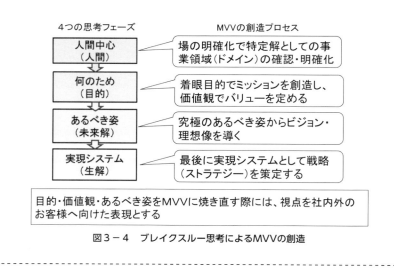

図3-4　ブレイクスルー思考によるMVVの創造

第Ⅲ章　ブレイクスルー思考の進め方

2. 人間中心で考えよう（人間フェーズ）

（1）モノコト中心から人間中心の思考へ

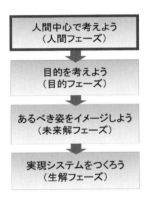

　ブレイクスルー思考は、しばらくの間その前身であるワークデザインの時代を過ごしてきました。繰り返しますがワークデザインとブレイクスルー思考の最も大きな違いの1つは、思考の根拠（拠り所）を【モノコト中心のシステムの機能】から【人間中心のシステムの目的】に切り替えたことです。モノづくり時代・工業経済の時代はモノやコトの目的や価値は普遍的なものとしてとらえられていました。当時は誰もがモノやコトに同じ目的や価値を認め、他の人と同じように自分の生活を向上させてきましたが、今や物はあふれ、サービス経済社会の訪れとともに誰もがみなと同じではなく、自分だけの目的や価値観に従って個性を発揮することを求めるようになりました。人間の持つ多様性や個性が尊重され一人一人の人間が自分なりの目的や価値を実現しようとしているのです。こうした背景のもとにブレイクスルー思考はシステムの根幹要素として人間を位置づけ、人間とモノやコトとの関係を人間から見たモノやコト、そのシステムに向き合う人間を中心とした思考を展開する流れへと大きく舵を切ったのです。

　したがって問題解決もモノやコトを基点としてそれを考えていくのではなく人間の営みとして、当該問題にかかわる人間の視点でとらえ、まさに当事者がそれを解決していくという考え方をとります。それが本来のあり方であり、問題解決の情報やエネルギーも当事者であれば最初から持っています。

105

しかし企業内での問題解決は、しばしば外部のコンサルや本社の専門部門あるいは上司など問題解決の専門家がモノことを中心とした解決策を構築し、当事者はその指示に従い解決行動を仕事として与えられるという流れが散見されています。これでは当事者の主体性は失われ、当事者意識や参画と解決への意欲など沸きようがありません。

　Y理論など人々は自分たちの未来を開発することに参画すれば、変化に抵抗するより喜んで変化を受け入れることがわかっています。人々は自分たちの未来に影響を与える意思決定に参画し、何らかの貢献をしたいと思っています。人々は自分のアイデアが取り入れられた解決策を実行することに喜びを感じ、前向きに取り組んでいこうとします（本節のコラム参照）。

　組織やチームで問題解決に取り組む場合、人間のユニークさや多様性・個性から意見の完全一致はありえないとしてもその場の意見に合意することはできます。ブレイクスルー思考はLODという合意プロセスの積み重ねで実行までコトを運び成果を生み出そうとするので、まず最初の段階で問題の全体を眺めたうえで問題や解決策に関わる関係者の参画巻き込みを企画することとしています。システム観に基づき全体を見てから部分を見るという流れを取っているわけです。

　これらが人間中心で考えそれを最初のプロセスに持ってきている理由です。

　なお、皆さんの思考が進めやすいように、今後いくつかの思考フェーズごとに参考フォーマットやワークシートを示しておきます。しかしこれらはあくまでブレイクスルー思考の考え方の参考としての位置づけですので、これを用いる場合は皆さんの自由な思考の広がりをこれらによって制限されないよう留意してご使用ください。

第Ⅲ章　ブレイクスルー思考の進め方

（2）人間フェーズで考える2つのこと

①関係者をリストアップし、どのタイミングでどのように参画・巻き込みを図るのかを計画する
②解決策実行の場とその際の視点（主役）をどこに置くべきかを特定・明確化する

人間フェーズを考えるときのフォーマットを示しておきます。

問題	
課題	
課題解決の関係者（参画巻き込みする人間）	

課題解決（解決策実行）の場の特定		
主役は誰か （誰の視点で考えるべきか）	どこ（空間的特定）	いつ（時間的特定）

図3-5　参考フォーマット　人間フェーズ

①関係者のリストアップと参画巻き込み（関係者関与）

　繰り返しますがブレイクスルー思考では、思いの実現を図るため、まずテーマとその実行に関する（利害）関係者をもれなくリストアップしそれらの

関係者をどのように参画巻き込みしていくかを考えます。念のためですが参加と参画は意味が違うので、関係者はその場にいるだけ（attend）ではなく、企画に加わり一緒に考え知恵をだす（participate）ということが必要です。言語だけでなく非言語のコミュニケーションにも留意するため直接対面が好ましいですが、困難な場合はズームやスカイプなどを通じた参画でも構いません。ただ関係者が安全と安心の場で自由に自分の意見を述べられることが参画への必須の要件です。

　関係者の参画巻きこみ方法は実際の状況により多種多様で、同じ状況でも喜んで協力する人もいれば、無関心を示したり抵抗勢力になる人もいます。したがってここは、あくまでその時・その場の・その人の状況や関係性により臨機応変的な対応をとることとなります。ポイントは巻き込みの方法とタイミングです。場合によっては一定時期までは不適切な人、不適切な方法での巻き込みを制限することが必要なこともあります。ブレイクスルー思考では実行とは「その人の心（ここでは目的と価値観）とそれに基づく行動を時間の経過とともに変えていくこと」でしたね。したがって、この場合でも最終的にはすべての関係者を、どこかのタイミングとレベルで参画巻き込みすることになります。ただし、この段階での参画巻き込み計画は、あくまで全体見通しによる仮決定であって、実際には思考を先に進めることによって更に関係者が明確になってくるので、その計画を修正していきます。

　この具体的プロセスはブレイクスルー思考に独特のものかもしれませんが、組織内で成果を求める場合に一般的にも「参画なければ共有なし。共有なければ実行なし。実行なければ成果なし。」などと言われています。

参画→共有→実行→成果

　先日、ある企業のシステム部門トップの方の要請で傘下マネジャーを対象にブレイクスルー思考をご案内しましたが、その際参加者からこのような話

がありました。「トップは『どんどん新たな提案をしてきてほしい』というが、実際には何をプレゼンしてもいろいろな理由をつけてすべてダメ出しを食らい、受け入れられたことがない」とのことでした。そこでブレイクスルー思考におけるシステム観と人間フェーズにける参画巻き込みについての考え方を伝えました。彼らは日ごろコンピュータによるシステム設計を担当していますので、人間をシステムの重要要素としてとらえるという考え方は全く持っておらず、かなり驚き、新鮮に受け止めていただけました。この場合部門トップの方は主役と位置付けるまではいきませんが、この提案システムの重要な人的要素であり、どこかのタイミングでそれなりの参画巻き込みを図らなければその提案が成就されていかないことは最初から考えておくべきでしょう。

②**主役と解決の場の設定（特定・明確化）**

　次にこのフェーズで考えなければならないことは、特定解を導き出すための【主役と場の設定】（または「主役と場の特定・明確化」）です。これは①でリストアップした関係者から適切な主役を選定してこの課題解決の場を設定することです。

　ここでいう主役とはこの問題や課題、解決策を誰の視点で考える（べき）か、ということなので、本来は考えた解決システム（のアウトプットまたは結果）の最終的な受け手であり、最終ユーザーであり、その評価者となります。本章ではコトづくりのケースで考えています。ここでの主役とはMVVを考える時の視点や立場をどこに置く(べき)か、ということです。MVVは誰の視点で考え,表現すべきなのでしょうか？　これは必ずしもMマネジャーと５人のメンバー（必ずしも目的行動に表現されていない主語やこれを考えている思考の主体）ではないことに留意してください。

　東京でオリンピックが開催されたころ、【オリンピックは一体、何のた

め？・誰のため？】などと対で使われることがありましたが、この議論はなかなかまとまりませんでした。この場合【何のため】はオリンピックシステムの目的ですが、【誰のため】はそのシステムは誰のためのものと考えるべきか、そのシステムと向き合う人間を誰と捉えるべきなのか?ということを表していますので、ここでいう主役と同義で使用されているものと思います。この２つの問いでは、東京都・国・オリンピック委員会・選手・観客などの関係者の中で、議論の前に誰を主役（誰のため）とするのかを決めなければ、目的（何のため）を定めることが出来ませんのでいつまでたっても平行線になっていました。

　主役とはブレイクスルー思考で考えていくときに反映すべき視点や立場ですから、誰がこれを行うのか、誰が考えるのかではなく、システム的な観点でいえば、誰のための解決システムを創るべきか、ということになります。創り出すシステムが商品やサービスの場合は、主役はマーケティングでいう【お客様】に近い概念になりますが、両者の間には観点の違いがあり、必ずしも同義ではないのでブレイクスルー思考ではこれを主役と表現します。また主役を当事者やその上司などの組織内の受益者にしてしまうと、一般に解決策は一時的なものとなり長期的・持続的な成果には結びつきません。組織内の受益者は重要な関係者として参画巻き込みを図りますが、通常は主役とはしない方が無難です。もちろんこの部門の事業がうまく回り成果が出れば当事者５人やＭマネジャーまたはその上司の評価や企業経営の発展にもつながることは間違いありませんが、そこに視点を置いてしまうと時として目的と手段の混同や自己満足・企業満足の世界に陥ってしまいます。

　特定解としてのＭＶＶ実行の時間的・空間的な場の設定ですが、このケースの場合は新たな場の設定というより、自部門ということで自ずと場は特定されてきます。通常は時間的特定には時刻・時間など、空間的特定には場所や機会で特定しますが、必要であればこれにシチュエーション（状況）やシ

ーン（場面）などを追加で特定しても構いません。例えば解決策は、現在のことを考えるのか10年後の未来を考えるのか、今後の10年間のことを考えるのか、就業中のことか就業時間外のことなのか、舞台は東京なのかニューヨークなのか、地下でのことか地上10階でのことか、火事だという異常時のことか平時のことを考えるのか…では当然変わってきます。

（3）人間フェーズのLODと記入例

　皆さんにLODのイメージを持っていただくため、本ケースでの人間フェーズLODの一部とそれにより仮決定した内容を人間フェーズの記入例として以下に示しておきます。

＜ファシリーダー：Mマネジャー　参加者：ＡＢＣＤＥメンバー全員＞

Ｍ：今日はこのチームのMVVを当事者である私達みんなで考えていくことで方向性を明確化しその内容も共有していこうと考えています。その考え方ですが、今回はブレイクスルー思考の流れを使うと考えやすいので私がファシリテーターとなってこの話し合いを進めていきます（以下、前述のLOD響創対話の進め方を案内する）。

【Ｌ：LIST（拡げて）】

Ｍ：皆さん、それでは私たちのMVVを新たに制定する場合、これに賛同や協力を求めたり、逆に何らかの反対意見や否定的な意見を持ちそうな人、あるいは事前に知らしめておいた方がよいと思われる人は誰でしょう？　現段階ではどんな人たちが思い浮かびますか？　具体的な個人名でもいいですし、社外も含めて組織・部門…などカテゴリー化された人でも構いません。これから５分間で考えてその結果を皆さんの手元にある<u>ポストイット１枚に１人の人や１つのカテゴリー</u>などを書いて皆さんに発表し、その趣旨や背景なども紹介してください

（5分後）

M：それでは発表・共有の準備できた人はいますか？

C：まずは上位部門の上司でしょうね。彼を通さずに勝手にMVVをつくると、あとで必ず邪魔が入りますよ。

M：そうかね…それにはどんなタイミングやアプローチがいいと思う？

C：途中からより、相談という形でMさんから最初にうまく巻き込んだ方が良いと思います。

M：なるほど…それでは、そこは私からアプローチしておくよ。他の人はどうですか？…

A：今の話を聴いて思い浮かんだのですが、（ポストイットを見せながら）私たちは人事系の部門ですが、営業や本社管理部門の研修担当の人たちはどうでしょう。

B：営業は関係ないよ。

M：Bさん、ちょっと待って、グランドルールは否定批判厳禁！でしたよね。営業っていうのは面白いね（すべて肯定・質より量）。どんな意味合いなの？

A：当社の社員の構成からして営業が研修参加者の多数を占めているので、どんな感触か聞いてみてもいいかなと…

B：なるほど、そういう意味では実際の研修などには他の部門の方にも講師として登壇してもらっていますので、Aさんの言うように確かにその人たちにも私たちが目指す方向を理解してもらっておくことが必要だと思います。

M：それはいつすればよい？　最初から…？

B：MVVの案が決まってからでもいいですね。

D：それなら（ポストイットで示しながら）目指す方向やビジョンが決まった場合、それを実行に移す際にシステム部門の人にも協力してもらい、

従来からやっている集合研修だけでなく会社が進めようとしているDX化の一環ということで、ITも活用した様々な方法を提案してもらったらどうでしょう。

Ｍ：それではそこは前職で経験のあるDさんが中心となってMVVを実践に移す段階での仕組みとしてシステム部門に相談してみてください。皆さん、それでいいですか？

Ｄ：ありがとうございます。前職の経験も生かせそうなので今から少しずつ考え、システム部門の人間にも声がけしておきます。自分を活かせそうで楽しみです。

Ｍ：他に配慮しておいた方が良いと思う部門などはありますか？

Ａ：それなら私も関係ある○○部門の人たちにも今やろうとしていることを少しずつ共有しておきます。これまでの人間関係があるのでうまく協力を取り付けられると思います。

Ｅ：Mさん、先ほどのAさんの話を聴いて思ったのですが、営業だけでなく対象研修の参加者が重要関係者だと思います。私たちのメイン業務の対象というか…私たちがやることの受け手ですから、その人たちの意見をもっと聴くべきと考えます。

Ｍ：なるほど、それは非常に重要なことですね。私たちが目指す方向や方法がその受け手である研修などの参加者と共有されないと、彼らの利益にはならないしこの部門の成果にも結びついてきませんからね。Good idea！です。皆さんはどう思います？

Ｅ：それでは私も地域や本社部門などを勘案して何人かピックアップし意見を聴ける場を作ります。ついでに懇意にしている参加者の上司についても、「ご意見頂戴」という形でうまく巻き込みを図ります。面白そうですね…

【O：Organize（まとめて）】
記載省略（一部はListに含まれている）
【D：Decide（決定する）】
M：それでは今の段階で考えられる人たちをリストアップできましたので、これで仮決定としましょう。これからも誰か新たに思いついた人がいたら教えてください。ブレイクスルー思考ではこのように問題や課題や解決策をモノやコト中心ではなく人間中心にとらえて考えていきます。
　次に私達とこれらの関係者の中で、誰の視点を中心とで私たちのMVVを考えていくべきかを話し合いましょう。もちろん考えて決めてそれを実行していくのは私達ですが、、先ほどからの話で私たちが自分の視点や立場で考えればいいんですかね？
A：MVVを考えてそれに沿った仕事をするのは私達ですが、大事なのは私たちの仕事というか業務活動は誰のためにするのか、ということですよね？　それは研修でいえば本来は参加者のためにすることなので、そこは外せないと思います。
全員：そう言われてみると確かにそうだね。私達の視点で欠けていたものはそこかもしれない…
M：MVVは本来その企業がお客さまや社会に向けたメッセージだから、部門のMVVも私たちのお客様である研修参加者や社内外に向けたものとしなければいけないね。
B：そう考えるとMVVを創るというのはいろいろな意味がありそうですね。確かに自分たちが目指す方向や業務活動の指針にもなるけど、私たちのやっていることが、社内外のどんな人たちに、そしてどんな役に立つのかをも示すことになりそうですね。
M：その通りだね。それでは……

第Ⅲ章　ブレイクスルー思考の進め方

　このLODで当初は、主役は研修の主催者である部門のメンバー5人、場については社内外の研修施設など、時間的には研修中という意見で仮決定されましたが、次の目的フェーズでのLODを進めるうちに、より視野が広がり、最終的に図3-6のように、主役を研修参加者、場については研修参加者の職場なども含めること、また研修中だけでなく就業中全体ということに変更されましたので人間フェーズのフォーマットにもメモ書きしておきます。

問題	部門の業務活動で目指す方向が不明確で共有されていない
課題	業務活動で目指す方向を明確化し、部門のあるべき姿とMVVをつくり実現を図る

課題解決の関係者（参画巻き込みする人間）
※部門メンバー5人・Mセンター長 ・研修等の参加社員とその上司・教育関連部門（現業・管理など） ・Mの上司・総務部門・システム部門 ・取引先（研修会社等）・研修講師　・研修関連施設責任者 ・労働組合役員 ※解決チームコアメンバー、下線はサポート依頼

課題解決（解決策実行）の場の特定		
主役は誰か (誰の視点で考えるべきか)	どこ（空間的特定）	いつ（時間的特定）
（当初）部門メンバー（主催者）	（当初）社内外の研修施設	（当初）研修参加中
※変更→研修などの参加者	※変更→職場内外を含む	※変更→全就業時間中

図3-6　本ケースの人間フェーズ記入例

　なおこのようにブレイクスルー思考ではこの先のLODで検討された段階で新たに発見、気づくことも多く、その段階で当事者の合意があれば躊躇なく元に戻り変更されていくことになります。各人が記入したポストイットはそのためのデータとして最後まで残しておいてください。

ここでMマネジャーのファシリテーションの進め方のポイントとして図3－2の記載内容の他に「質問」という手法を多用していることに留意してください。ブレイクスルー思考ではファシリーダーが、ブレイクスルー思考を知らない人たちとのLODを導いていくために専門用語を使わない「Smart Question（賢問）」と呼ばれる様々な質問ツールが準備されています。

この節のポイント

1. ブレイクスルー思考では問題解決にあたり関係する当事者が必要なホット情報や手がかり・解決への情熱を持っているものとして当事者グループによる問題解決を提唱している

2. 人間フェーズでは、まず想定される関係者をすべて洗い出しその人々をどのようなタイミングでどのように巻き込んでいくかを計画する（関係者関与・参画巻き込み）

3. 次に関係者の中から適切な主役を決定し、問題解決の舞台や日時など場所的・時間的な解決システム実行の場を特定し特定解を求めていく。

第Ⅲ章 ブレイクスルー思考の進め方

人間への仮説（日比野省三著「企画の賢人」から引用）

　下記は日比野博士のまとめた「人間への仮説」というもので、社会心理学などの知見を根拠としているところもありますが、多くは長年のファシリテーション経験から導き出されたものと思われます。ここでは仮説という表現が使われていますが、自然科学系の理論と異なり社会科学系の理論ではいかに科学的な方法で理論構築したとしても、そこに人間や環境が関与する限りあくまで蓋然性の域を出ないので「仮説」というのも、もっともな表現だと思います。

　余談ですが日比野博士は科学的なモノの観かたと同時にブレイクスルー思考という極めて人間的なモノの観かたを併せ持つバランスの取れたユニークな学者（学術博士）です。私は日比野博士と初めて名刺交換した際そこに博士（学術）という記載があり、学術の意味がわからなかったのでお訪ねしたところ丁寧に解説をしていただいたことを覚えています。その当時では多分野にまたがる学際的な研究者に対する称号Doctor of Philosophy（Ph.D.）は、まだほとんど普及していなかったのです。なお日比野博士はブレイクスルー思考についてナドラー博士との共同研究の中で、彼の持つ西洋的な考え方と自分が持つ東洋的な考え方が混ざり合って、このような人間中心の思考が出来上がったと述べています。

仮説１：人間は与えられた通りに課題を受け入れがちである
　（このために、間違った課題に対して正解を出そうと努力をする「第３種の過誤」に陥ることになる。ブレイクスルー思考を用いて真の課題・目的・価値観を考え抜く必要がある）
仮説２：人間は与えられた目的を変更できないと信じている
　（ブレイクスルー思考では、目的展開により目的を変えることが出来るようになる）
仮説３：人間は都合の悪い情報に出会うと防御的になる
　（何故と聞くと人を刺す。犯人探しは人々を防御的にする）
仮説４：人間は常に正しい答えはただ１つと考えがちである
　（「真実は１つである。よって正解は１つになる」という自然科学的な思考の真実追究の影響を受けている。ブレイクスルー思考では解決策は無限にあるという考え方をもつ）

仮説5：人間は他の人に操られることを好まない
（それゆえ参画してもらい当事者意識をもってもらうことが重要である）
仮説6：人間は「ここで創られたものではない」企画案、「自分を除外した」解決策を拒否する傾向をもっている…これをNIH（Not Invented Here）症候群という
（それゆえ参画・巻き込みが重要である）
仮説7：人間は長い間に作られた目的と価値観によって行動している
（それゆえ通常その行動を変えることには困難を伴う。しかしブレイクスルー思考では響創的対話による目的展開で目的と価値観を変え行動を変えることが出来る）
仮説8：人間の現状認識は人によって違いがある
（それゆえ参画・巻き込みをして、ある程度の時間をかけて人の目的と価値観を変えていくことが重要である）
仮説9：人間は変化に抵抗する
（人間は基本的に変化に抵抗する。しかし喜んで変化する二つの条件がある。1つは、未来が明確に描かれ自分がそちらに移った方が得になる時、人々は喜んで変化する。もう1つは、参画し自ら悟った時に人々は喜んで変化する）
仮説10：人間は革新的な解決策を選択することに積極的にはなれない
（それゆえブレイクスルー的解決策の取り扱いには配慮が必要である。しかし皆が反対したからといって引き下がらないこと）
仮説11：人間はあらゆる面で各人ユニークな特徴を持っている
（それゆえに参画・巻き込みをして各人の特徴を活かすことが効果的である）
仮説12：人間は本音と建前を持っている
（建前で真の課題解決・企画計画は出来ない）
仮説13：人間は最高の情報源である
（それゆえ参画してもらいホット情報を重視すべきである）
仮説14：組織は同質の人々を集めがちである
（それゆえ意識的に異質の人々の参画を確保することが重要である）
仮説15：効果的な対話の欠如が常に組織を悩ませている
（それゆえ信用ゲームを使ったLOD響創対話が必要である）

第Ⅲ章　ブレイクスルー思考の進め方

3. 目的を考えよう（目的フェーズ）

　人間フェーズで関係者の参画巻き込みと主役及び場が特定されたので、次はいよいよ主役の目的を考えていきます。すぐに行動せずにここで目的を考える目的は、主役が望んでいる（であろう）真の目的や理想・願望などを発見しそれを実現・達成するためです。

```
人間中心で考えよう
（人間フェーズ）
　　　↓
目的を考えよう
（目的フェーズ）
　　　↓
あるべき姿をイメージしよう
（未来解フェーズ）
　　　↓
実現システムをつくろう
（生解フェーズ）
```

（1）目的と価値（観）を切り分けて考え表現する

　私たちは目的を考えるときに、「～を～する」という純粋な目的だけでなく、どのような目的をどのように達成したいという主役の願望や理想を合わせて考えることがあります。例えば宅配便の目的を【荷物を運ぶ】だとした場合、荷主に「何のために宅配便で荷物を運ぶの？」と問いかけたら、「安全で速いし、しかも自分で持っていくよりコストも安いからだよ」などと答えるかもしれません。この場合、何のため＝目的は「荷物を運ぶ」であり、「安全・速い・安い」は、その目的達成に付随する理想や願望として荷主という主役が望むこと、主役にとって大切なこと・価値あることを表現しています。ここでいう価値とは主役の思いの一部なので主観的価値として今後は「価値観」と呼びます。「観」を付したのは真・善・美などの普遍的・一般的価値と区別するためです。特定解としての主役にとっての宅配便は、ただ「荷物を運ぶ」だけでなく安全で速くしかもコストも安い形で運ばれることが価値あること・重要なことになります。

　日常会話では目的と価値観は混在して表現されますが、ブレイクスルー思考で目的フェーズを考えるときは、それぞれを明確化するために2段階に分

119

けて考えていきます。それは主役がその行動によって実現・達成しようとする事柄（純粋な目的部分）と目的達成に向けて主役の何らかの理想や願望を新たな価値観として付加することの2つです。その両方をつなぎ合わせると【（理想的な）目的を（理想的に）達成する】という構造の表現が出来上がります。理想や願望は目的によって変わってきますので、決定する順番は目的が先になることに留意しておいてください。

　ここで忘れてならないことは目的も価値観も、あくまで主役が場の設定に応じて感じているということです。思考を進めていくと、たまにそのことを忘れてしまうことがあります。また逆に「それでは場の設定が不適切だった」などと気が付くこともあります。その気づきは仮決定してここまで思考を進めたからこそ気が付けたもので、これも大事な気づきのプロセスです。ブレイクスルー思考ではすべて仮決定で進めていることなので、その場合は躊躇なく場の設定までさかのぼって考え直してください。繰り返しますがこれは未知のモノ・新たなモノを創造していくときの宿命であり、リニア的には考えは流れていかないのです。

　目的と価値観が明確化できれば理想は実現しやすくなります。このケースの場合、目的はミッションで価値観はバリューを定める時の手がかりとなります。価値観は通常目的表現文を修飾する形になりますが、それらをミッションに混在させ表現したためか、お客様にとっても社員にとってもわかりにくい長い修飾語や修飾文付きの重文・複文などとなっている企業ミッションなども時々目にします。その場合は、何が言いたいのかは純粋な目的表現部分だけを切り出してみればわかります。

（理想的な）目的を（理想的に）達成する

第Ⅲ章　ブレイクスルー思考の進め方

（2）目的フェーズで考える2つのこと

①目的を考え展開し着眼目的を決める
②着眼目的に価値観を付加する

課題コアの活動	
目的展開 着眼目的	
価値観	
価値観	

図3-7　参考フォーマット　目的フェーズ

①目的を考え展開し着眼目的を決める

　目的の表現は『目的語＋動作動詞』でしたね。繰り返しますが、目的はあくまで主役の視点と設定された場で考えることを忘れないでください。主役や場を特定しないで目的を考えてしまうことがありますが、その場合はだれでもどこでもいつでも通用するような一般的な目的しか考えられず、いったい何のために目的を考えたのか理解に苦しむ例も見られます。また、主役や場が設定されていないことで目的を考えること自体が困難になっている場合も見受けられます。目的は人間が認めることですからブレイクスルー思考では人間不在の目的などはありません。

ⅰ．目的を展開する目的は何か

　ここでもう一度そもそも何のために目的を考えたり、さらに何のために目的を展開するのかについて若干解説を加えておきます。このことは、いったいどこまで目的を展開すればよいのかということにもつながってきます。

　これまで繰り返し述べてきましたが、多くの場合、私たちは「どうしたらよいか」という行動レベルのことを先に考えがちで、「その行動は何のためにするのか」という行動で目指す目的を考えることがほとんどありません。本来であれば行動は何らかその人の思いを満たすために取る手段であるはずです。しかし目的を考えることは私たちの習慣になっていないので、多くの場合、それはあいまいなままになっています。私たちは自分に対しても、他人に対しても、その行動の目的は？などと問いかけることはほとんどありません。目的やゴールが漠然としていれば、どうやってそこに到達するのかという手段としての行動レベルのことが適切かどうかの判断も困難になり、それを達成することは更に難しいことになるでしょう。またもともと目的やゴールがないのですから、それが達成されたかどうかを確認する手立てもありません。

では、最初に考えた目的にしたがって行動を起こせば、それでよいのでしょうか？　もちろんそれが真の狙いでありそれで十分な場合もあるでしょう。しかしそう思えた場合でも目的を展開していくとこれまで自分でも気がつかなかった「より先の、より大きな」目的を見いだし、よくよく考えるとこれこそが自分が真に実現したいことだと気がつくことがあります。そしてその今までと異なる視点での目的の実現手段として、新たな行動としての解決策を見いだせることがあります。これが目的を展開する目的・ねらいです。

　次にどこまで・どのように目的を展開すればよいのかについては、目的を展開することで発見したい新たな目的によって異なってきます。例えば新商品や新サービスの開発、新たな価値の創造等であれば、これまで気づかなかった目的や価値を発見するために、より決め細かく目的を展開することが求められるでしょう。もちろんそれ以前に新たな視点での主役や場の設定で新たな目的が見いだせることもありますね。

　また、本ケースのようにその組織のミッション・ビジョン・バリューなどの明確化を目的する場合は、現在の状況だけにとらわれずに、ある程度の先の広がりの中でそのヒントを得た方が賢明でしょう。また今日の夕方開催するミーティングや、懇親会の企画に役立てるのであれば、初期の段階で考えた直接的な目的を採用する方がよいかもしれません。それを決定するのはあくまで当事者である皆さんということになります。

　目的と目的展開の意味や効果については前章でご案内していますので、ここでは考える上でのいくつか留意点を述べておきます。

ⅱ. 目的表現の留意点

「～を～する」

- 「名詞」+「動作動詞」で表現する（目的語＋他動詞）
- 「変化動詞」「状態動詞」「否定語」は、極力使わない
- 目的と価値変化願望を表す修飾語は極力分離せよ
- 「形容詞・形容動詞＋する」に注意。これでは動作が不明
- ～をさせる、してもらうなど使役・依頼形になってもよい
- できるだけイメージがわくようなオリジナル表現を使う

図3-8　目的表現の留意点

▶動作動詞で目的を表現するのは、ブレイクスルー思考では目的は行動の意図ですから、具体的行動が見える方がのちの解決策システムを設計・構築するときにイメージがわきやすく設計が楽になるからです。とはいえ目的を考えているときに、例えば「意識を集中する、思いを寄せるなど」具体的・動作的な行動表現というより、概念的・脳内活動的な表現が自然に想起された場合にそれを回避しなければならないというほどのことでもありません。

▶使わない方が好ましい動詞として変化動詞・状態動詞・否定語が挙げられています。変化動詞とは、例えば増加する・増やす・軽減する・減らす・上げる・下げるなどビジネスでよくつかわれる動詞が多いので注意しましょう。この場合は、設定された場と主役に応じて【そのために何をするのか】と自分に問いかけて、できるだけ具体的な動作を探して表現するようにします。変化動詞は何らかの価値を表現していることが多く、動作は不明確になっています。また、目的は何らかの行動を伴うものですから、行動変化のない状態を表現する動詞の使用は好ましくありません。

また、目的は通常何らかの好ましい状態への変化を目指していますので、例えば「ルールを破らない」など否定的な表現ではなく「ルールを守る」など肯定的な表現に切り替えて表現しましょう。

▶目的表現に付加される様々な修飾表現は、名詞部分を特定・限定する場合などを除き多くは価値観を表現していますが、前に述べた通りこの段階ではできるだけ省略するようにしましょう。どうしてもはずしたくない場合はカッコ書きなどにしておいてください。例えば、「庭に植えた（きれいな）花を育てる」の場合なら「庭に植えた」はどこに植えた花なのかを特定するだけですが、「きれいな」は主役の価値観ですから最初は省略するかカッコ書きしておきます。

▶日本語では形容詞や形容動詞に「する」を付けて、大きくする・きれいにする・美しくするなどで動詞化することがありますが、これも同様に動作が見えにくいので、そのために何をするのかという具体的な動作表現を付け加えるようにしましょう。例えば「きれいに清掃する」と「きれいに磨く」では動作が全く異なってくるので解決策も大きく変わってきます。またここに記載はありませんが、ビジネスで多用される「普及する・推進する・浸透する・共有する…」などの表現も、共通言語としてわかったような気がしますが、実際には何をするのかが特定されにくいのでできるだけ具体的な動作表現を心掛けるようにします。

▶目的の表現は主役と場の設定に応じて使役（〇〇させるなど）や依頼（〇〇してもらう）形で表現しても構いません。目的の表現では、人間中心とはいえ創造するシステムの目的としてそれと向き合う人間（主語）を入れないで表現するのが一般的です。その場合でも主役の視点や立場をより意識すると、このような表現になります。同様のことは受動的な表現として反映されることもあります。これは今考えている思考の主体としての自分と、視点を反映している主役とを切り分けて考えていることによって生じ

るものと思われます。このような場合でも視点である主役を行動の主体（主語）として、「○○を××する」という形の表現で考えていっても差し支えありません。
▶最後に新商品や新サービスの開発などでは、できるだけオリジナリティある表現を使うことでオンリーワンを創造することができます。月並な目的表現では月並な商品やサービスしか生まれてきません。目的表現は名詞や動詞が少しでも変えると異なった意味合いになりますので、それを意識して表現しましょう。

ⅲ．何の目的をどう考え始めるのか

　目的を考えなさい、と言われても少し戸惑いを感じる方もいると思います。それはそもそも何についての目的を考えればよいのか？という疑問です。ブレイクスルー思考では「問題も課題も解決策も１つのシステムを構成していて、それぞれのシステムには目的がある」ということでしたね。ここではそれらをシステム観で観て、そのシステムの目的から考え始めることになります。

　基本的な方法は、人間フェーズで設定した課題（システム）の中のコア部分（これがなければシステムとしての課題が成り立たないという核となる小さい部分）を１つ特定し、「それは何をしているのか？どういう役割・機能・はたらき等を果たしているのか？」を見たままの表現で、そのシステムの作動や活動を普遍的・一般的・物理的な「〜を〜する」という動作・行動の形で表現してみることから始めます。コア部分に着目する理由は、その課題の本質からずれないようにするためです。

　本ケースの課題は、「業務活動で全員が目指す方向性、すなわち目的と目標そして価値観をつくる」ことでしたね。この部門は様々な業務活動を行っていると思いますが、メンバーとの面談で明らかになったようにその様々な

第Ⅲ章　ブレイクスルー思考の進め方

　業務活動のコアは「集合研修」のようでした。メンバーは集合研修の実施がなければこの部門の業務活動をやっていることにならないと考えています。その場合は、「集合研修」を業務活動のコア（取り掛かりシステムという）として、その集合研修というシステムについて目に見える物理的な行動や活動を眺めて、例えば「参加者を集めている」「講義を行っている」「研修を実施している」などメンバー全員が認める表現を最初の目的とします。本ケースではそのままの表現ですが、「研修を実施する」こととし、その目的から考えはじめます。

　別の例を挙げます。例えば課題が会議（システム）の企画でしたら何がコアでしょうか？「会議室」「参加者」「会議そのもの」などをコアとして、その目に見える行動でしたら、例えば「声を出す」「テーマを話し合う」こと等の目的から考え始めます。サービス関係のシステムの例として理容室の場合は例えば「髪を切る」ことがコア活動とした場合は、「髪を切るのは何のため？」とその目的から考えはじめます。モノづくりのシステムの例で、例えば新商品ボールペンの開発なら、ボールペンではペン先のボールがなければボールペンになりませんので、それをコアとしてボールは何をしているのかを物理的に見ると「インクを（紙に）つける」ことをしています。お風呂のシャワー（システム）なら、シャワーの小さい穴をコアとして「水を拡散する」などから始めてみましょう。

　この作業に多少不安を感じる方もおられると思いますが、設定された場においてそれが課題のコア部分からはずれたものでなければ、何回か目的を展開すると、より大きな目的では統合されていきますので安心してください（システムの重層性：図2－5参照）。また、もちろんこれも仮決定として進めますので、思考を進めていく段階でこれでは不適切と感じた場合は、そこへ戻って修正していきます（このような修正の必要が生じてくるのは、多くの場合、最初のコア部分と考えた活動がコアでなかったなど不適切な場合に

生じます)。

　こうしてブレイクスルー思考に慣れてくると、的を外さずに最初から「問題を解決する目的」すなわち何のためのその問題を解決しようとしているのか？を考え、それを目的展開するという方法を取ることも出来るようになります。

　しかし、いずれにしてもこれは目的を考えるための入り口に過ぎず、その後目的を展開していくなかで、その先にある主役が目指す真の目的を発見していくことになります。

iv．目的展開の留意点

　考えた最初の目的で解決策を考えていってもそれなりの成果は得られますが、ブレイクスルー思考ではさらに「その先のあるべき姿」を求めていきます。二人の学者が調査研究した先駆的賢人たちは、みなこのように、より大きなシステムの目的を考えだすことで革新的な解決策を創造していったのです。

- ◆主役に問いかけて、少しづつ目的を展開する
- ◆大小が逆転していないか？（A→B, B→A）
- ◆最初に変化動詞を使うとそれが連続し、動作が見えなくなり何の発見もない・不変の定理や一般論展開となる
- ◆ビジネスパーソン常用語はわかったようになりやすい→行動表現
- ◆単なるフローチャートや時系列的な次に起きること・次にやることになっていないか？（目的を考えていない）

> 目的は機械的・論理的に考えるべきでない。それは主体性に基づく自分の強い思い・意志であり、実現に向けたエネルギーの源泉でもある

図3－9　目的展開の留意点

◆目的展開する時にはその前の目的行動（AをBする）をするのは何のため？何を目指した行動なのか？それによって何を実現・達成しようとしているのか？などと考えていくわけですが、ここで忘れてならないのは、設定された場における目的で考えるということです。あくまで主役の立場・視点になりきって、主役の意思と意図でその時・その場における目的に思いを巡らすということです。いろいろ思いを巡らせているうちに、主役を忘れてしまったり一般化した場面で考えてしまったりすることがありますので注意しましょう。またこれは論理的に考えればその流れの中で機械的に次の目的が考えられるということではありません。目的展開には正解はありません。5人で考えればそれぞれ異なる思いが出てくるでしょう。一人で考えても思いは途中で変わってしまうこともありますが、それが本意と思えればそれで構いません。

◆目的展開するということは、より大きなシステムの目的を考えることでしたね。この展開を続けていると、途中でより小さな目的に逆戻りしてしまうことがあります。おかしいな…と思ったら2つの目的を順に並べて「AをBすることは、CをDするためだ」と唱えてみて本当にそうか？と考えてみたり、逆に「CをDすることは、AをBするためだ」と唱えてみれば、どちらが適切かはっきり識別できます。

◆最初または途中で変化動詞を使ってしまうとそれ以降目的展開しても変化動詞が連続してしまい行動の実態が見えない一般論になってしまうことがあるので注意しましょう。

　（例）営業予算を達成する→売り上げを増やす→利益を増やす→配当を増やす

◆持っている語彙が少ないと組織内で使われるビジネスパーソン常用語だけの目的展開になってしまい、お互いにわかったような気分になりますが、さて行動の実態はというと具体的な説明ができないことがあります。

（例）コミュニケーションをはかる→方針を共有する→方針を浸透する→
　　　　行動を促進する
◆また時々見かけるのは目的の展開ではなく、あることをすると次にこういうことが起きるという行動の時系列的な流れや原因と結果の関係になっていることがあります。これは考えている時に、頭の中で「●●を××する」と「〇〇を××する」、「●●を××する」して「〇〇を××する」などと口ずさむことで生じるようです。慣れないうちは必ず「●●を××する」のは「〇〇を××する」ため、という表現を意識して口に出しましょう。
　（例）仕事を終える→後片付けを行う→帰り支度を行う→席を立つ→…
　　　　（時系列）
　（例）食事を（多めに）摂る→摂取カロリーを増やす→体重を増やす（原因と結果）

ただしこの場合でも主役が本当にカロリーを増やすために意識して食事を多くしているのか、また体重を増やすために意識してカロリーを増やしているのかどうかをよく考えてみて、本当に「そのためなんだ」と思うのであればそれで差し支えありません。

ⅴ．目的展開の進め方（ランダム法）

　目的展開はあるモノゴト（あるシステム）の目的の目的を考えることでしたね。個人で考える場合でも、響創対話（LOD）でチームで目的展開を進める場合でも、それを行動ベースで表現し「〇〇を××するのは何のため？」と内言語として頭の中で考えるだけでなく、言葉にして発してみること（外言語化した独り言）の方が効果性は高まると思いますが、さらにそれをポストイットに書いて視覚化した方が、より客観化され自分でも他人でもそのイメージから次の発想が広がっていくでしょう。考える際はぜひポストイット

第Ⅲ章　ブレイクスルー思考の進め方

を活用してください。

　ランダム法というのは文字通り、思いついた目的をいくつでもそれぞれがランダムに表現してみることです。これはブレイクスルー思考に限らず職場などでいつでも活用できます。ランダム法では考える場合の目的には脈絡がなくて構わないので、思いがけない斬新な目的を発見できることがあります。ランダム法の場合は目的表現の留意点もさほど厳格に適用しなくて構わないものとして発想してもらい、発表時にファシリーダーがそれを修正していくことでも構いません。

　私たちの日常では目的をほとんど考えないで行動をしているのが普通だと思いますが、真剣に考えてみると、その目的はいくつかのことを併せ持っており必ずしも1つとは限りません。1人で考える場合でもチームで考える場合でも、一定時間で考えそれらをすべて1枚のポストイットに1つずつ書き留めてその場に示します。次にそれらを、より小さい目的から大きい目的に並べ変えてみるという方法を取りますので、ここでは目的展開の留意点についてもファシリーダーが整えることになります。その過程でそれらの間に抜けている・飛んでいる・補うべき目的など隠れた新たな目的も発見することができます。

　あるいは、行動ベースで表現された最初の目的だけは一旦統一しておいて、そこから参加者が自由にその先の目的を考えていく方法でも構いません。最初は同じ目的から展開を始めても、考える人によってその先の目的は異なってきますので、結果は異なってきます。この場合も多少展開が脈絡もなく不自然であっても目的展開の目的に従って様々な自由な発想を確保することとします。

　因みに最近、生成ＡＩによる目的展開にトライしていますが、生成条件を整えればある程度のランダム展開が可能であり、個人で展開する時に不足する異なる視点を確保するための参考として有効と思われます。

参考としてランダム法による目的展開の例を2つ示しておきます。

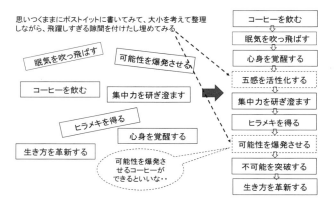

図3-10　ビジネスパーソンがオフィスで仕事前に飲む『新商品開発のための
　　　　コーヒーの目的展開例（ランダム法）』

主役（リアルユーザー）を高齢者として、まずはエアコンの基本的な目的から始める

①（部屋の）温度を調節する（ため）
　次に『温度を調節する』その目的は何だろう、何のために「温度を調節する」のか？
　を考えて、例えばその目的を
②（部屋の）空気を管理する（ため）
　そこでさらに「空気を管理する」目的は、何のために「空気を管理する」・・・？療養中な
　ら・・
③発熱等の体調を管理する
　自分だけが体調がわかっても・・・
④自分の体調を知らせる
　体調が（自動的に）医師に伝われば・・・この辺で価値観も思い浮かぶが、さらに・・・
⑤（適切な）処方を得る
　医師の診断や（適切な）処方まで得られるれるエアコンがあったら安心だね・・・
⑥（適切な）処置を得る
　→→→※そうだ！療養者を回復させるエアコンをつくろう！→着眼目的

※その目的は・・・と繰り返して新たな目的（や価値）をいくつでも創造することができる。目的は場の
　設定によって変化するので場を見直せばさらに選択肢が増える

図3-11　目的展開例（ランダム法）「自宅で高齢者の健康管理ができる新商品
　　　　エアコンの開発」

vi．目的展開の進め方（論理法）

　目的展開は主役の立場になりきって思いを巡らせばよいとお伝えしましたが、思い付きに任せてやってみると展開が飛び飛びになり、たちまち大きな目的「企業の発展・人間の幸福」など究極的・最終的な目的などに飛躍してしまうことがあります。

　目的展開にはある程度のトレーニングが必要です。慣れないうちは意識して少しずつ目的を展開するようにしましょう。そのための１つの有効な方法として論理法といわれる目的展開の方法を図３－12で詳細に説明してありますので、よく眺めてみてください。

　目的語としての名詞を変えると大きく目的が展開されてしまうので、同じ名詞のままで動詞だけを数回、より大きなその先の行動を表わす動詞に展開し、どうしても行き詰まったら名詞を、より大きなものに１回展開し、その名詞をそのままにしてさらに動詞を数回展開するという方法です。この場合も語彙が少ないと限られた常用語の中で思考することになるので、時には類語辞典などを使い語彙を補完するとよいでしょう。

　なお目的展開は、途中で「これだ！」という目的を発見したとしても、そこでやめてしまわず、一旦は人間・企業・世界の幸福や平和・発展など一旦は人間社会における究極的・普遍的な世界まで考えてみて、下図のように目的展開全体の中から着眼して実現を図る目的を決定してください（視野を広げるため全体から部分を見る）。その際余裕があれば次期着眼目的なども発見しておけば、さらに先の世界を創造していくときに役に立ちます。

〈目的展開の進め方（社内メールの目的を考えた例）〉

その目的は→文章を書く
その目的は→文章を送る
その目的は→文章を授受する
その目的は→情報を授受する
その目的は→情報をやり取りする
その目的は→情報を分かち合う
その目的は→メッセージを分かち合う
その目的は→メッセージを共有する
その目的は→協働を促す
その目的は→協働を始める
その目的は→担当業務を遂行する
その目的は→成果を創出する
・・・・・・・・・・・

その目的は→企業ミッションを果たす
・・・・・・・・・・・

その目的は→お客様の幸福を実現する
・・・・・・・・・・・

- 書く目的を考え、名詞はそのままにして動詞だけを更に考え、何回か変える
- 動詞変えが行詰まったら、動詞を変えずに名詞だけを変える。名詞を変えると大きく転換されるので、主役になりきって深く自分に問いかけ目的を考え、飛躍しないようにする
- この場合は、ここで両方変えているのでやや飛躍している
- どこかで着眼目的（取り組む目的）を決める。目的が大きくなるほど、解決策も多種多様になるが、その分取り組みも広範囲になる
- 企業内では、通常はこの範囲で考える
- 人間の最も大きな最終目的は、人類の幸福・地球の平和などとなる

図3－12　論理法による目的展開の進め方（社内メールの目的を考えた例）

参考として図3－13で論理法での目的展開例を示しておきます。

〈「職場の声を聴く」の目的展開の例①〉
〜組合員の立場で労組執行委員が・1年後職場で〜

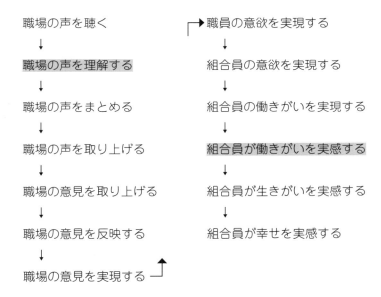

> 職場の声を聴くのは、組合員に働きがいを実感してもらうためだ。
> それなら声の聴き方や聴く内容・聞く態度などはどうすべきか？

図3－13　労組執行委員が組合員の視点で・1年後・職場で『職場の声を聴く』ことの目的展開例（論理法）

vii. 目的展開のLOD例

さてここでMマネジャーのファシリテーションによって、コア業務である「研修の目的及びその目的展開」についての響創対話（LOD）の場のL（リストアップ）の一部を再現してみましょう。ここはメンバーも初めての経験なのでランダム法で進め、主役と場の設定、目的や目的展開の留意点にも触れておきます。

【L：個人で考える（拡げて）】

M：それでは、これから各自５分間で研修の目的を考えて１つのポストイットに１つの目的を書いて、いくつでも考えてみてください……その際、表現は「（主語が）〇〇を××する（ため）」ですが、「ため」は省略し、それ以外の修飾語は外すかカッコ書きにしておいてください。

（５分後）

M：それではひとりずつ研修の目的とその展開についてポストイットに書いたものを皆さんに示してコメントしてください。一人５分程度の発表・理解共有後、目的展開の検討時間として30分の時間を取ります。

　※ここではポストイット一枚に１つの目的を書いて、その後それをより先の・より大きな目的へと順番に並べ変えていることを→で示してあります。→の部分は「その目的は？」と読み変えてください。またメンバーは初めて目的を考え表現しているものとして、一部、前述した目的表現や目的展開の留意点を反映していない表現を提示していますので、どこが好ましくないかを発見してみてください。

A：私は研修を行うことが自分の役割なのでこのように考えました。研修を実施する目的は、
　　担当業務を遂行する→講師と打ち合わせる→効率的な運営を目指す→ミ

スを犯さない→参加者が満足する→部門が満足する→評判が良くなる→自分の評価が上がる→評価が良くなる→マネジャーに昇格する→収入が増える→家族が幸せになる→充実した人生を送る

M：これは主役をAさん自身として考えてみたようだね。Aさんが研修を行う目的は担当業務を遂行するため、それが自分の役割だと考えているんだね……そうするとAさんにとって研修を行う目的は…先の先まで考えると社内では「(自分の) 収入を増やすため」ということ……？

A：いや…今から考えると、そんなこと考えて研修をやっているわけではないと思います。おかしいな……？

M：「おかしい」と思えるのはよい気づきだと思うよ。他の人もそうかもしれないけど、考えるのは自分だからここでは自分が研修を実施する目的を考えたのだけど、目的を考える時は主役の視点で考えるのだったよね。では研修を実施する場合の主役は誰か？…というより、この場合は誰にすべきか？誰の視点で考えるべきか？ということになるね。人間フェーズで考えたことだけど皆さんも、もう一度思い出してみてください。

また、出だしのところだけど、Aさんが「担当業務を遂行するのは、本当に講師と打ち合わせるためなのかな？」それとも逆に「講師と打ち合わせをするのは、担当業務を遂行するためなのか？」を確認するためにそれぞれを口に出して言って確認してみてください。

A：なるほど、これは逆ですね。

M：これは多分他の人にも当てはまると思うので、再確認しておきます。目的表現そのものの留意点もあるけど、目的展開ではなく時系列的な行動の流れになっていたり、変化動詞の多用などもみられるね。もう一度目的表現や目的展開の留意点を確認してみましょう…（以下目的展開の留意点などを他のメンバーを含めて理解を図る）。

B：研修を実施する目的は
　　部門の役割を果たす→部門のパフォーマンスを挙げる→上位部門のパフォーマンスを挙げる→会社のパフォーマンスを挙げる→会社を発展させる→社会が発展する
M：Bさんは、部門全体の視点や立場で考えたんだね。
B：はい、部門のMVVを創ろうということですから、この部門の役割としてそのように考えました。
M：部門の役割を果たすことが日々やっている研修の目的と考えているんだね……それは確かにそうかもしれないね。ところで　Bさんはその部門の役割の中身は具体的にはどういうことだと考えているのかな？　私たちの部門はどんなことをしてどんなことが出来れば自分たちの役割を果たしたことになるんだろう？
B：そこまでは考えていませんでした…
M：そうですか…でも目の付け所はよさそうだね。Bさんの考える部門の役割というのは、まさに私たちが今考えようとしている部門のミッション（目的）とほぼ同義だから、それを明確にするために目的展開をして考えてみようというのが今やっている作業だね。
全員：なるほど、そういうことになりますね…自分たちのやっていることの目的をもう一度具体的に考えてみるというのは面白いですね。なんか今まで見えなかったものが見えてくるような感じがします。
M：そうだね。目的や目標（あるべき姿）が見えてくれば研修という仕事（行動）もそれを目指してやることだから、もっといろんな工夫や改善などもできるかもしれないね…

C：研修を実施する目的は……
　　採用した社員に投資する→仕事ができるようになる→社員の業績が上が

る→売上が上がる→利益が増える→株主配当を増やす→株価が上がる→社会から評価される→さらに会社が発展する

M：Cさんは会社全体や経営者の視点で考えているようだね。研修を実施するのは社員に投資するためか…？　目的とはその行動によって実現を目指すこと、つまり研修の実施という行動の狙いや意図だから、社員に投資するために研修を実施する…研修を実施すれば社員に投資したことになるからそれで研修の目的は果たされる…？　ということになってしまうね…そこは後でみんなでもう一度考えてみよう…。

　ところでこの目的展開でも上がるという変化動詞を使っているので、一度これを使うと変化動詞が連続してそのための具体的行動が見えにくくなったり、一般論としての何らかの行動の結果が続いてしまいがちなので気を付けよう。

　またこの目的展開の一部も目的と位置付けるよりも、次に起こることややることを時系列的に書いてあるようだね。表現形は同じでもそれを目的と位置付けるべきか、結果と位置付けるべきか、あるいは手段と位置付けるべきかをもう一度考えてみよう。

全員：ああそうでした…

M：ここで大事な考え方だけど、経営者が「利益を増やす」ことを目的として過度に重視したために、社員の不適切な行動（仕事）が手段になり、最終的に経営者が「誠に申し訳ありませんでした」と頭を下げている光景が良くマスコミで報道されているよね。ごく特殊な場合に一時的に利益を目的とする場合があるかもしれないけど、勘定科目としての利益は目的ではなく売上から費用を差し引いた計算の「結果」としてとらえ、そのために収入（売上）を確保したり、支出（費用）を抑えるような具体的な行動を目的表現した方が無難だと思うよ。例えば、新商品・サービスを開発・投入する、新たな販売スキームを構築する。新たなマーケ

ットを開発する、仕入れ価格を見直す、新たな仕入れ先を開拓する、現行の作業工程を見直す、……※全員でもう一度目的及び目的展開の留意点を見直す。

D：研修を実施する目的は……
　受講者を教育する→受講者を育成する→業務能力を育てる→（より高い）パフォーマンスを創造する→所属チームの業績向上を図る→会社を発展させる→お客様を発展させる→社会を発展させる
M：Dさんは研修参加者の立場を反映し主役として考えてみたけど、目的表現は主催者である私たちの表現に置き換えているんだね。
　ここで皆さん、この場合の主役についてもう一度よくよく考えてみよう。これまで主役は研修を実施する立場で私たちとして、研修を実施する目的を考えていたね。確かに研修を実施するのは私達だけど，私たちが実施する業務活動としての研修は、誰のために行うものか？　自分や会社のために行うべきものと考えるべきか、参加者や社会のために行うものと捉えるべきか、どっちを主役としてどっちの視点で考えるべきなのかをここでもう一度考えてみよう…これは「べき論」ということだけど、どっちが私たちが目指すべき方向なのかな？
全員：そうか…そこを忘れてました。もう一度考えてみると研修はやはり参加者のために実施するべきものだから、やはり主役は研修参加者とした方がよさそう…というか研修参加者とすべきですよね。
M：その方が良さそうだね。
D：もう１つ同じように参加者の視点で考えてみたのですが、それを、より意識して参加者になりきったら次のように表現も変わってしまいました。
　研修を実施するのは…

気づきを得る→学びを触発する→能力向上を触発する→業務能力を開発
　　　する→職場で能力を発揮する→（所属組織での）役割を果たす→組織パ
　　　フォーマンスを向上させる→お客様のニーズを満たす→お客様の発展を
　　　支援する→社会の発展を導く→社会生活を豊かにする→人々の暮らしを
　　　豊かにする…
Ｍ：なるほど、主役の視点に合わせて表現にも反映したんだね。それでもい
　　いですよ。同じ人が考えても少しでも考え方が変われば表現も変わって
　　くるね。それに伴って解決策も変わってくる。つまり目的展開で新たな
　　目的を発見して表現すれば解決策としての目的達成手段や方法も変わっ
　　てくる可能性があるよね。
Ａ：この場合私たちがやっている研修そのものが解決策（手段や方法）とい
　　うことであれば、同じ目的に対して研修以外の他の手段や方法もあると
　　いうことになりますか？
Ｍ：そういうことになるね。現在の解決策（研修）の空間的範囲（研修会
　　場）をもっと広げて職場全域にしたらもっと手段や方法も多様化してく
　　るね。同じことは時間的な広がりについても言えるよ。何も研修参加中
　　に限らず就業中であればその目的を果たすのはお客様との商談中でも構
　　わない。例えばＢさんの考えた「気づきを得る」という目的は、お客様
　　や取引先とのやり取りの機会でも「気づき」は得られるよね。それを解
　　決策として私たちがいろんな解決システムを考えることもできるよね。
　　つまり主役や場の設定で解決空間を拡げてしまえばオセロや碁盤の目を
　　拡げたようなもので他のアプローチが無数に得られることになる。もち
　　ろん目的を変えればもっと変わってくるよね。そこまで考えてみて最適
　　な解決策を実現しようとするのがブレイクスルー思考なんだよ。
全員：なるほど…これは面白いですね。自分の視野が大きく広がったように
　　感じます。

さて、こうして各メンバーの考えた目的展開をもとに目的展開の進め方を実践的に学んだメンバーは、これまでの途中経過では様々な考え方の違いや誤解などの修正や人間フェーズで考えた関係者のリストアップや主役や場の特定などにも遡ることで、それぞれの視野や視点は多方面に拡大しました。そしてこれまでの日常の中で没頭していた研修という手段からそれによって目指す目的へと意識や関心が向けられようになりました。また日ごろお客様満足などを唱えながらも、ついつい視点が自分や会社中心になっていたことにも気が付いていきました。
　以上のことから人間フェーズで考えた場の設定（図3-6）はここで最下段の→のように見直しされました。ここでは、まだ途中段階ですが目的展開は図3-14のようなワークシートにまとめられました。そして研修の主役は参加者であり、その先にある社外のお客様視点への関心を忘れないために、LODでの気づきをメモ書きしておくこととしました。

研修（を実施する）のは何のため？
　気づきを引き出す
　学ぶ意欲を引き出す
　学びを促す
　能力向上を促す
　(新たな)業務能力を開発する
　(変化に対応できる)人材(財)を開発する　　←←←　着眼目的
　人材(財)を活かす
　(変化する)業務を遂行する
　部門の業務を遂行する
　お客様のニーズを満たす
　お客様の満足を実現する
　お客様の発展を促す
　社会の発展を促す
　人間生活の発展を導く
　→→→‥‥‥

※LODでの気づきのメモ
・参加者視点（お客様視点）
・参加者開発の機会は研修の場だけではない

図3-14　（ワークシート）チームの目的展開と仮決定した着眼目的

viii. 着眼目的の決定（目的の再定義）

　上記の目的展開の事例では図中に「着眼目的」という記載があります。着眼目的というのは展開・発見した目的群の中で、この目的に決定して課題を再定義してみよう！と仮決定した目的のことです。第Ⅳ章で様々な活用事例をご紹介しますが、ブレイクスルー思考による新たな目的の探索はそこから潜在ニーズや隠れた消費者インサイトの発見などにつながり、それをコンセプトアウト型の新商品・サービスの開発に活かすことが出来ます。またビジネスで大きな変革を産み出し現状を突破することに役立っています。ここがまさに様々な場面での創造性の源泉の１つになっています。参考として着眼目的を決定するときの一般的留意点を下図に掲げておきます。実際には当事者グループで目的展開をしていくと不思議なことに参加者全員がこれだ！と合意できる案が発見できます。

　　　着眼目的の（仮）決定は、以降その目的を達成することを目指すため
　　　に思考を進めていくので下記のポイントで検討する
　　　　　　※あくまで仮決定なので、ここでは実現可能性などに捉われないこと

【着眼目的決定の留意点】
　　＊主役にとっての潜在的最大効果性
　　＊目的の創造的再定義可能性
【下記をチェック】
　　＊解決時間や解決空間に適合（場の設定）
　　＊通常は組織ミッション内
　　＊法的制約内

図３-15　着眼目的決定の留意点

　目的や目的展開を考えるという脳内作業は慣れないうちは難しく感じられるかもしれませんが、何回か練習するうちに要領も自然に身についてきます。皆さんは身近にあるものを題材として主役と場の設定をしていろいろと

考えてみて下さい。例えば、自宅にあるテレビ・ドア・トイレの蓋…目に見えないものでは、職場での会議・報告書・プレゼンテーション・上司の指示…もう少しスケールを大きくしたい方は、国境・インターネット・結婚・人生・働くこと…などなど。目的展開に正解はありませんので安心して自分なりの目的展開をして、自分が思う着眼目的を決定してみてください。

②着眼目的に新たな価値を創造・付加する
〜価値観の創造・付加はこうする〜

　着眼目的が仮決定されましたので次にそれに応じた価値観を付加していきます。新たな価値の創造は誰もが求めるものですが、なかなか簡単ではないようです。マーケティングでは概念としての価値の定義や分類、大小などはよく論じられますが、対象とするお客様にとっては具体的に何が価値あることなのかという価値の指標（目印）を言語で特定することは簡単ではなく、「多くの情報を集めて分析する」という科学的な探索では万人に共通な最大公約数や平均値になりがちです。しかしブレイクスルー思考では、主役と場、そして目的が明確化されているので以下の方法でいくらでも価値の創造・創出が可能となります。

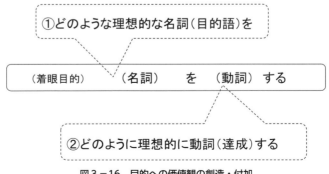

図3-16　目的への価値観の創造・付加

第Ⅲ章　ブレイクスルー思考の進め方

　図３−16のようにこれまでに考えた着眼目的に主役が望む理想や願望を表現する修飾語を考え付加するだけです。事例として本節の冒頭で宅配便をとりあげ、荷主にとって目的は「荷物を運ぶ」だが、それを「安全に・速く・安く」運べれば更に価値があるとご案内しました。
　これまで目的を考えている段階でも単純な「名詞（目的）を＋動詞（達成）する」という表現だけでなく修飾語も自然に発想されていましたが、これまではまず目的を明確化するためあえてカッコ書きにしていただきました。ブレイクスルー思考では一般解ではなく主役や場が特定されている状態で目的を考えているので、主役の望む理想や願望は想定しやすくなっているのです。
　ここでは①どのような理想的な、という部分は目的語としての名詞を修飾する形容詞や形容詞句、形容文、あるいは②どのように理想的に、という部分は−達成すべき動詞を修飾する形容動詞（副詞）、副詞句、副詞文を付加していくのです。どちらかというとモノづくり系のシステム（に関わる人）では①の理想状態よりも②の着眼目的をどのように理想的な方法で達成してくのかに関心が向けられることが多く、サービス系のシステム（に関わる人）では理想状態に関心が大きいようです。ここはぜひオリジナリティある表現で主役の気持ちになりきって望む新たな価値を大胆に想像し、創造してみてください。
　しかしここで実際に価値観を言語表現として想像・創造するのはそれを考える当事者たちなので、当事者が日常使用しているまたは持っている語彙が少ないとその範囲内でしか表現を考えられません。それを補うために類語辞典などを使ってより豊かな表現に変えてみるのもいと思います。その組織内のわずかな共通言語・常用語などだけに捉われないようにしましょう。特に新たな商品やサービスを開発する場合は、その実現可能性などに捉われることなく、価値観を３段階で考え、主役にとっての①当たり前の価値（ニー

ズ・対価）ではなく、②あったらいいな（期待・願望）を超える、③異次元で時代を変える価値（感動・驚愕）の世界、を実現してみてください。これは次の未来解フェーズで考える究極のあるべき姿のベースになっていきます。なお価値観の付加について、ここはあくまで主役にとっての理想・願望・期待などを表現するところなので、否定的な修飾表現や単に名詞を特定するだけの形容表現とならないようにしましょう。

　さて、本ケースの場合、着眼目的はミッションのベースを構成し、価値観はバリューのベースになるものです。ここでは着眼目的を「人財を開発する」としたため、どこの教育部門でも同様なやや月並みな表現となっているため、価値観では主役の視点を反映するものの部門のオリジナリティを反映した表現にしたいものです。組織全体のMVVは社会に公言していくものですが、本ケースの部門のMVVはもっぱらその部門のメンバーの方向性や一体化に結び付けたいというものですから、他人には正確に理解できなくても当事者がその意味を自分のものとして理解できていることを優先しても構わないと思います。

　もともとMマネジャーの問題認識はメンバー間のベクトルが合っていないというものでした。価値観は持って生まれた性格や後天的な経験などで構成されてきますので人によって異なって当然です。それらをまとめるポイントは話し合うというより、どうしてそう感じているかについて経験・背景などを丁寧に聴き合う姿勢が大事です。通常様々な言語として表出・表現された価値観よりもその深層にあるものを理解した方がまとめやすくなるからです。

　下記に価値観に関する本ケースのLOD状況の一部についてまとめてメモしておきます。

　最初に、価値観を部門のバリューに結び付けようとしていますので、研修を含め仕事・業務活動をしていくうえでこれまでに培われたそれぞれが大切

にしたいこと・重要だと思えること・信条・信念・判断や行動の指針などをポストイットでいくつか思い起こしてもらい、そこからまとめていきました。

　先ほどの目的展開での響創対話と同様に価値観の設定でも、考えている主体は自分達ではあるものの、自己中心的にならず、視点や目線そして軸足はあくまで価値・サービスの受手としての研修参加社員に置くことを忘れないために【価値・サービスの受手視点で】という動詞を修飾する価値観を表現し、合わせて【お客様志向】という表現も追記しておくこととしました。また業務活動のコアである人財を開発する手段は、研修に限定することもなく他にも様々な方法があり、その場についても研修センターなどに限らず職場などであってもよいし、さらに就業中であればいつでもどこでも構わないという意味で、人財を開発するという目的に【あらゆる機会と方法で】という価値観を付記しておきました（図３－17下部参照）。

（3）真の課題の発見（課題の再定義）

　ブレイクスルー思考の最大の特徴・特長の１つは、ここで当初目的と考えられていた【研修を実施する】から【人材（財）を開発する】に目的が切り替わり、そこに更に理想とする価値観を付加したことにより当初の課題が見直され、より明確に再定義されたことです。この思考の流れは第Ⅰ章でご紹介したカラスの事例で、【カラスを撃退する】のが目的ではなく真の目的は【電力を（安定的に）供給する】ことに気が付き、課題が変わったことと同じですね。必ずしもカラスを撃退しなくても、電力が安定的に供給されれば問題は解決されることになったように、本ケースの場合でも研修を実施することは目的ではなく人材（財）を開発するための手段や方法の一部に過ぎなかったことにも気が付き、その位置づけを目的ではなく手段と観ることが出来るようになりました。よってこれ以降は、目指す着眼目的と価値観をどう

実現していくのかを真の課題として考えていくことになります。

　ここがブレイクスルー思考による主体性と創造性により、皆さんが問題としてとらえていたことの解決の場である眼前の碁盤のマス目が広がり、新たな課題と解決策が見えてくる瞬間です。これが見えない未来や新たな価値を生み出すブレイクスルー思考なのです。皆さんはチェンジリーダーとして、周囲にはいるがそれが見えていないメンバーに方向性を示し、その実現に向けてぜひリーダーシップを発揮してください。

　下記の図3-17が、目的フェーズで最終的に合意し仮決定した内容です。

課題コアの活動	業務活動のコアは集合研修
目的展開 着眼目的	→その目的は　気づきを促す →その目的は　学ぶ意欲を引き出す →その目的は　学びを引き出す →その目的は　能力向上をはかる →その目的は　業務能力を開発する →その目的は　人材を開発する →その目的は　**人財を開発する**　　←←着眼目的 →その目的は　人財を活かす →その目的は　所属組織を開発する　←←次期着眼目的 →その目的は　組織業務を遂行する →その目的は　お客様のニーズを満たす →その目的は　お客様の満足を実現する →その目的は　お客様の発展を支援する →その目的は　人間社会を発展させる →その目的は　人々の生活と幸福を促進する
価値観	変化する業務へ対応できる
価値観	価値・サービスの受け手視点で（お客様志向で）
価値観	あらゆる機会と方法で

図3-17　本ケースの目的フェーズ記入例　着眼目的と価値観

第Ⅲ章　ブレイクスルー思考の進め方

 この節のポイント

1. 最初に考えた目的に満足せず目的を展開して優れた着眼目的を探し求めよう。

2. その着眼目的に主役が理想や願望とする修飾表現を付加すれば、そこに新たな価値を創造できる。

3. 新たな着眼目的とそれに付加する価値観の両方を満たすことが取り組むべき真の課題である。

4. 優れた目的や価値観を発見することはブレイクスルー思考による創造性の源泉だが、それには若干のトレーニングが必要だ。

Begin with the end in mind

　これは原則中心リーダーシップを説いた「７つの習慣」の原著で２番目の習慣として取り上げたスティーブン．Ｒ．コビーのコトバです。初版ではこの部分を「目的をもって始める」と翻訳していましたが、その後15年を経て新訳ではこれを「終わりを思い描くことから始める」と変更しました。Endをどう翻訳するかということなんでしょうね。確かに新訳表現のようなことはよくビジネスの場で語られることなので、７つの習慣の多くを占めるビジネスパーソンにはこのようなバックキャスティング的な表現の方がわかりやすいのかもしれません。
　目的は目に見えないので最終的にその目的を遂げる・思いを実現するに

149

は、いずれにしても見える可・可視化が必要で、ブレイクスルー思考でも次の未来解ではそのことを考えていきます。そうすることで視覚化できない目的やミッションはビジョンの形の目標・ゴール・理想像・絵姿などにすることができ周囲の人にも見えるようになります。コピーのいうリーダーとは他の人に見えない先の姿をみせて人々をその方向に導いていく人のことですが、初版の「目的」という目に見えないものより、新訳では「終わり」という目に見えるもので表現したかったのかもしれません。

　ただゴールやビジョンを考えだすときに思い切った変革や創造を図るチェンジリーダーであれば、虫の目つまり現実からいったん離れて、鳥の目つまり目に見えない抽象世界で視野を広げて、自由に空想・想像・創造することが必要です。ブレイクスルー思考では目的展開と価値観で先の先までの世界、究極の理想世界を観て、そこからゴールを導いていきますので、その点で7つの習慣でいう「終わり」という概念とは少し異なるようです。

　ブレイクスルー思考は米国でナドラー・日比野の2人の学者でまとめられ、世に出されましたが、彼らの研究中にコピーは何回か研究室を訪れ、どんな研究をしているのか…とブレイクスルー思考の内容に非常に興味を持っていたそうです。これが当時のコピーにどれだけの影響を与えたかわかりませんが、第2の習慣では個人的なミッション（人生の「目的」）を作る内容が中心になっています。またコピーは「すべてのものは2度創られる」として、第1の創造を知的創造（目に見えない創造＝物的創造の設計図）、第2の創造を物的創造（目に見える実際の創造活動＝行動）と名付け、知的創造を第2の習慣に位置付けています。そういうことを思い起こすと、ここでの翻訳は「目的」でもよかったのかもしれません。

4. あるべき姿をイメージしよう（未来解フェーズ）

目的と価値観が明確になったらそれを合体させて1つの文章が出来上がります。次のプロセスではこれをイメージできるように、より具体化しながらその実現アイデアをも思い浮かべ実現に取り組んでいきます。この思考フェーズを「未来解（future solution）フェーズ」と呼んでいます。日本語としてはなじみがない翻訳表現ですが「未来解」は「未来から学ぶあるべき姿」と呼ぶこともあり、その概念図が図3－18です。

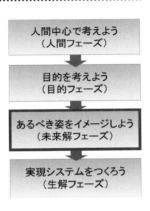

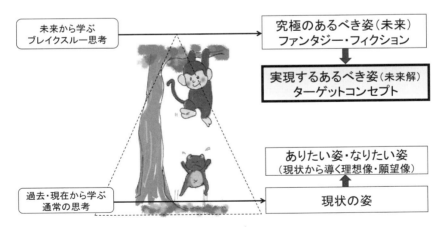

図3－18 未来から学ぶあるべき姿のイメージ

（１）未来から学ぶあるべき姿

　「未来から学ぶ」とは比喩表現で、たとえ現在の知識や技術では実現不可能であっても、最初に未来における究極の理想状態・究極のあるべき姿をイメージし、そこからそれにできるだけ近づくような形で実現にチャレンジするあるべき姿（未来解）のイメージを導きだすことを意味しています。アインシュタインは【空想は知識より重要である。知識には限界がある。想像力は世界を包み込む】というコトバを残していますが、ブレイクスルー思考ではこうして最初に見えない未来・見果てぬ夢を見ようとしているのです。

　実現にチャレンジするあるべき姿は「ターゲットコンセプト」とも呼び、これにいくつかの段階を設けることもあります。いずれにしてもベースを究極の未来に置いてターゲットを導いてくる点が、現在・現実をベースにした目標やゴールから遡って、現状からそこへの道を考えるバックキャスティング（逆算思考）とは質的に異なるものであることを理解してください。

　例えば、「福岡へ出張中のあるマネジャーが、東京本社へ時間ゼロで移動して緊急会議に参加する」ことが究極の理想だとしたら、もちろん瞬間移動は現在では不可能ですが、ドラえもんのどこでもドアや量子テレポートなどによるワープ（warp）なら将来は実現可能かもしれません。それでは次に、できるだけそれに近い状態や方法が実現できないかを考えるという流れです。そうすると時間ゼロについては例えば、何らかのバーチャルリアリティ技術を使い、福岡にいるその人の姿を東京に映し出すため会議をスカイプやズームなどオンラインで行うことを考えるかもしれません。しかしどうしてもリアルのface to faceを確保したければ開催場所を大阪に変更して航空機で１時間で移動する…などと考えることもできます。ただし本来はここで目的フェーズに戻り、さらに目的展開して会議という手段を用いずにその目的を果たすようにするのがブレイクスルー思考です。

　通常の思考でこれを考えると、現状から考えていくので新幹線では移動に

第Ⅲ章　ブレイクスルー思考の進め方

　６時間ぐらいかかるという現実からスタートし、それでは飛行機を使ったらどうか…など現状改善の域を出ない発想になりがちです。図３－18ではカエルは現在（という引力）から飛び上がろうとしていますが、どんなに頑張っても未来から降りてくるサルの高さまでには届きません。通常のあるべき姿は現状の延長線上に求めますが、ブレイクスルー思考では目的展開によって現状からの制約受けない未来から学ぶあるべき姿を創造することになります。特に現代のように環境変化が激しい時代にはそもそも「過去や現在の延長線上に未来はない」と考えるべきでしょう。
　また図中にある「あるべき姿」と「ありたい姿・なりたい姿」との違いにも留意してください。現状を土台にした「ありたい・なりたい」は単なる願望・理想ですが、あるべき姿は「べき」というコトバを使っています。この「べき」に込められた意味合いは、「設定された場での主役の目的と価値観に沿った」ということです。ブレイクスルー思考では、目的や価値観の達成が解決システム（未来解）の本質ですから、それを考えないあるいはそのような軸を持たない「ありたい・なりたい姿」では実現の意味がありません。

（２）レギュラリティで考える（重点思考）

　ブレイクスルー思考で未来解を考えるときは現状の制約から逃れ自由な発想を促すため、まずは実現性にとらわれずに考えていくとお伝えしましたが、ここでもう１つ覚えておいてほしいことは、この段階では発生頻度の少ない例外事項などにとらわれないで考えていくことです。
　通常の思考ではすべての状況で通用するような一般解を求めていくので、それに慣れ親しんだ私たちはどうしてもほとんど発生しない例外事項が気にかかり前へ進めないことがあります。もちろん仕事は最初から100％完璧を期すのが当然ですが、今ここで、私たちが未知の新たなモノやコトを創造しようとしている時には、その考え方はあまり有効ではありません。そのバー

をクリアすることができないためそこで思考が止まってしまい、前へ進むことをあきらめてしまったり、そのバーをクリアするためにそこで膨大な時間やエネルギーを使ってしまう、ということがあります。ブレイクスルー思考では、まず通常起こりうる状態（レギュラリティ）でのあるべき姿を考え解決策を策定します。そして例外的に発生する事項については、その後そこを別のサブシステムで補完するという流れで考えていきます。

　１つ事例をご紹介します。

　ある大手化粧品メーカーでは社員の出張費の精算のため、多くの経理部員が膨大な時間と労力を費やしていました。まだコンピュータでの経費精算が普及していない時代です。その会社では過大請求など万一でもあってはならないことの発生を防止するため経理部員が一件ずつ目検をしていたのです。そこで「過大請求や不正請求はどのくらい発生するのですか？」と聞くと「計算違いはたまにあるが、過大請求や不正請求などはほとんど全くと言っていいほどない。しかしゼロではないので…」ということでした。ここで経理部員にとっての本来の出張精算書の目的は「正確に早く支払いを完了する」ことですね。しかしその時この会社がやっていたことは、ほとんど出現しない例外事項のための多くの人手と時間を費やして経理部員の目検によるチェックシステムをつくり運用していたのです。そこでこの逆の考え方、つまりレギュラリティとしての間違いや不正をしない人へのシステムをコンピュータで自動化し、まず本来の目的である「正確に早く」支払いを完了させ、その後抽出された一定金額以上の請求だけはアラームをつけて経理部員が目検するサブシステムを追加しました。これによって数十人の経理部員がわずか数人で事足りるようになったとのことです（日比野省三著「企画の達人」より一部加工して引用）。

▶定常的に生じる事柄、状態（常態）
▶過去の経験でもっともしばしば起こる重要な条件
▶例外や制約から解放され、まず85％に対する解決策を！

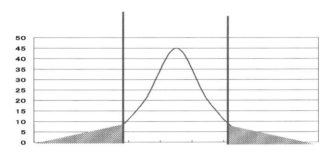

図3-19　あるべき姿はレギュラリティで考える

　このようなことはもっと小さい次元でも日ごろ目にすることがあります。「もし万一こんなことが起きたらどうするんだ！　昔こんなことが起きたことがある…」などなど、何か話しを先に進めようとすると、めったに起きないことを引っ張り出しそこでその企画全部を中断させてしまう人がいるものです。その人たちも特に悪意はなく問題を解決しようとしていることは同じなのですが、基本的に日ごろ無意識で使っている思考がそうさせているのです。

（3）大理石の中に天使を見る
　次ページの図3-20をご覧いただき、これを使って未来解フェーズで私たちがやろうとしていることをご説明します。

見えないものは実現できない
→見えれば実現できる可能性が高くなる

図3-20　ミケランジェロ「大理石の中に天使が見える」

　図の左上の人は、様々な分野で能力を発揮したルネサンス時代の天才、ミケランジェロです。教会のフレスコ画の作品が多いですが、彫刻家としてもダビデ像やピエタは有名ですね。ミケランジェロの残した名言の中にこういう逸話があります。
　「どうしてそんなに素晴らしい天使像を彫れるのか」ということに関して、彼は「私は大理石の中に（閉じ込められている）天使を見た。そして天使を自由にするために彫ったのだ」と答えたそうです。
　確かに大理石の中にくっきりと天使が見えれば、周りの石を取り除くことでそれを外に掘り出すことは容易にできるかもしれません。皆さんにはこの絵の正面にある大きな大理石の中に何か見えますか？　残念ながら私には何も見えません。未来解フェーズではこれと同様のことを頭の中で考えていきます。目的フェーズで明確にした目には見えない主役の目的と価値観を未来から学んだあるべき姿としてより明確にするため視覚化・見える化していくのです。目的の目標化といってもよいかもしれません。透明人間やプレデターを捕獲するためにペンキを塗りかけるようなものです。
　具体的にはそれをコンセプトとして表現し、さらに図や絵で表現したり名

前をつけてみたりしながらイメージを明確化していきます。そのLODプロセスでよく目にする光景は、その状態をイメージ化すると同時にそれを実現する方法のアイデアをも自然に話し合っていることです。ここでは左脳の文字と右脳の絵や図を結びつかせながら全体像を固めていくことになります。LODに参加している当事者のだれもが、これから実現しようとしていることのイメージやアイデアを共有し明確にすることができれば、実現の可能性は高くなります。アスリートがイメージトレーニングをして自分が目指す記録を達成している姿を想像し、その実現にチャレンジするのと同じです。どう思い浮かべてみようとしてもそのような姿が見えない状態では実現は困難です。

（4）あるべき姿のコンセプトをつくる

　このようにして未来解では、目的・価値観及びその両方の実現方法などを軸とした目指すあるべき姿の全体イメージを、1つのコンセプトとして固めていきます。通常コンセプトは「概念」と翻訳されますが、ここでは私たちがそれを思い浮かべるときに見えてくる「こんな感じ」というざっくりとしたイメージという程度の意味でとらえてください。図3－21では『全体を統一し本質（価値観が付加された目的とその実現方法）を代表するイメージ』としています。皆さんご存じのソニーのウォークマンの開発コンセプトは『いつでもどこでも手軽に音楽を楽しむ』ということだったそうですね。ブレイクスルー思考の考え方に合わせると、ウォークマンでは『いつでもどこでも手軽に』が価値観で目的は『音楽を楽しむ』その実現状態や方法をも表現した名称が「ウォークマン」という構成になっています。

　ブレイクスルー思考でのコンセプトでは、目的と価値観に応じそれぞれを実現するアイデアや方法をも統合したイメージとしています。目的や価値観の実現方法には様々な既存のアイデア発想法などを駆使するわけですが、未

来解フェーズでは目的に付随する価値観達成を測る具体的な評価基準や目標値までを考えていきます。特に評価の基準を具体化することはある程度の達成アイデアや方法をイメージすることが前提であり、次の生解フェーズの仕組みづくりにつながっていき、これが「成功へのものさし」としてその後のガイドラインの役割を果たします。なお本章のコラムでは日比野博士が考案し実際に多くの成果を創出している創造技法として【パパママ創造理論】を紹介しています。

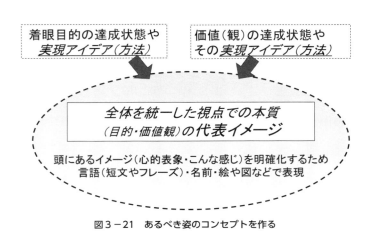

図3-21　あるべき姿のコンセプトを作る

（5）未来解フェーズで考える2つのこと

①価値観の評価基準と目標値を設定する
②あるべき姿のコンセプトをつくる

コンセプト （文章）	
コンセプト名	
コンセプト図 （イメージ）	

図3-22　参考フォーマット　未来解フェーズ

①価値観の評価基準と目標値を設定する

　目的フェーズでは着眼目的と価値観を再定義しその実現が新たな課題として設定されましたが、着眼目的と価値観が確実に達成されるにはどのような管理をしたらよいのでしょう？

　ブレイクスルー思考でいう価値観はあくまで目的達成に付随する価値観なので、目的フェーズの図3-16で目的表現の「名詞＋動作動詞」を「どのような名詞（目的達成状態への価値観）を、どのように（目的達成動作への価値観）達成したか」をあらかじめ設定した【評価基準と目標値】で管理します。目的は別途管理もされますが、通常それらが目標値に達していれば目的と価値観が達成され、達していなければ達成されていないということになります。ここで評価基準とは指標（目印）としての価値観の達成度合いを測る測定基準でこれを「成功へのものさし」として、あらかじめ望む達成水準（成功）に達したかどうかを当事者が確認できるようにしておくことで達成プロセスを動機づけると共に結果を管理します。目標値は「究極（未来）のあるべき姿」と「未来から学ぶあるべき姿＝ターゲット」の2つの目標値を

設定します。これが「究極の未来から学ぶ」という比喩表現を現実化する過程です。

　究極とは、最先端の科学技術や限りなくリソースなどを投入しても現在では到底なしえない目標値です。究極は、価値観達成の完全状態を夢見るだけ（何もしないで・念ずれば叶うのような世界）で達成することです。究極の目標値は100パーセント、無限大、ゼロなど設定する価値観と評価基準で異なりますが、例えば、お客様満足100％や無限大、時間０、コスト０、エネルギー０、管理０、欠陥０（zero defect）、事故０…などとなります。そして最も大事なことは、まず究極の目標値を定め、そこからそれに近い数値でのチャレンジする目標値を設定することです。鳥の目で高い位置から全体を見て、できるだけ高い着地点を探すというブレイクスルー思考の考え方の反映となります。現状の数値からチャレンジする目標を定めると、虫の目に陥り改善の域を出ない目標値となります。改善でも現状よりはよいわけですが、ブレイクスルー思考で目指すのは改善ではなく変革です。

　再度、未来から学ぶあるべき姿の図３－18をご覧ください。これはあくまで未来から学ぶという考え方をイメージ化する概念モデルですが、ここでいう究極の目標値とは点線の三角形の頂点のイメージです。価値観の究極目標が満たされた理想状態とそれが理想的な動作や方法で満たされるという２つの目標値を象徴しているのが頂点です。この三角形の底辺の長さは、あるべき姿を実現するために投資する時間・コスト・エネルギー…などの必要量を表しています。究極状態としての頂点では底辺の長さがゼロ、つまり何もしないで究極の理想を達成することを表現しています。

第Ⅲ章　ブレイクスルー思考の進め方

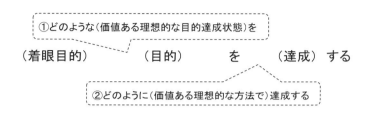

図3-23　未来から学ぶための評価基準と目標値

　ここで「成功へのものさし」とする価値観の評価基準ですが、最初から定量的な価値観でしたら数値で測定するのはそれほど難しいことではありませんが、問題は定性的な価値観です。よく目標設定はSMARTで、などといわれますが、どうしても数値化できない場合は何らかの測定可能な代理指標を設定する、あるいは多くの主観を集めて定性的表現のまま評価を客観化する…などの工夫をしていきます。例えば、『きれいな芝生の庭』といったときに皆さんだったら『きれいな』をどんな評価基準で測定しますか？

　「きれい度測定器」なるものがあるといいのですが、例えばゴミや雑草の数・緑の面積割合・きれい度アンケートの集計などいろいろ考えられますね。きれい度アンケートなどは主役である回答者の主観によるものですが、それでも多くの主観が集まれば客観性も備わってくるはずです。この場合は事後的だけでなく一定程度の主役を集めて事前に評価に対するトライアルを

161

しておくことをお勧めします。またブレイクスルー思考でいう価値観はあくまで主役の感じる主観的価値を当事者チームで考えていることですから、当事者がそれで納得できればよいことでもあります。この辺は科学の求める正解・一般解とビジネスや生活が求める生解・特定解との違いがあります。ビジネスや生活では、科学的に導出された正解・一般解を主張しても当事者がそれを受け入れなければ意味はなく、受け入れられれば成功と言えます。

　さて、本ケースでは上記を反映して目的フェーズで考えたことをもとに響創対話（LOD）を重ね、図３－24のように価値観の評価基準と究極の目標値を設定し、そこからターゲットとする目標値を話し合い仮決定しました。いずれの響創対話もあくまで仮決定として進めていますので、このあとあるべき姿のコンセプトを考えていくために１つのワークシートとして、あえて最初に考えた３つの価値観（のちに２つに統合）を示し、その後の表現の変化も→で示しています。

　またその過程で、それぞれの考えの背景や評価基準・目標値実現の具体的なイメージなどをより深くお互いに聴き合ううちに、自然にそのアイデアや実現方法なども話題になりましたので合わせて次ページのワークシートにメモ書きしておきました。

第Ⅲ章　ブレイクスルー思考の進め方

仮決定した着眼目的	人材（財）を　開発する			
仮決定した価値の指標 目的に付随させる価値（観）	評価基準（測定方法）	目標値	
			究極	ターゲット
変化する業務へ対応できる	研修役立度（業務適合度） →参加者＆上司アンケート	100%	80%→90%
参加者視点で →お客様志向で	参加者満足度 →事後アンケート	100%	90%
あらゆる機会と方法で →変幻自在に	開発機会・方法の拡大度 →変革回数	毎回	毎年1回見直し

実現アイデア	・変化する業務と必要能力の情報収集→変化の先取り・・サポートメンバー ・参加者の上司とのコンタクト・コネクション→事前・事後協力依頼 ・研修機会ごとに内容・方法など企画再検討ワークシート作成（担当者）で再確認 ・全体教育研修体制と体系の見直し→1年かけて ・部門MVVの公開と唱和など　・部門名変更・・・能力開発→人材開発

目的＋価値観 （再定義課題）	変化する業務へ対応できる　*人材（財）*を お客様志向をもとに　*変幻自在に*　*開発する*

図3－24　着眼目的〜未来解への響創対話のメモ

②あるべき姿のコンセプトをつくる

ここではフォーマットとしてあるべき姿のコンセプトを下記の３つの方法で表現しイメージを明確化してみます。

【文章表現】
　着眼目的に修飾語としての価値観を付加した文章を実現した状態があるべき姿ですから、当事者にとってはそのままの文章でも意味がわかるのでそれでもよいですが、これを公開して周囲に理解を促すような場合などは、よりわかりやすい表現に改めます。

【名前（名づけ）】
　上記文章を更にコンパクト化した代表イメージをキャッチする短いフレー

ズなどで表現します。一言で表現することで当事者がその本質を確認すると同時に他者への理解を促します。

　本質を失わない程度であれば、キャッチフレーズやキャッチコピー化した表現でも構わないと思います。

【イメージ図】
　頭の中（特に言語・左脳）で考えたものを具体的な形として実現しようとする場合、それを自分にも他人にも明確化する必要があります。特にリーダーがそれを方向性として周囲に示す場合は、自分のコトバで語ることはもちろんですが、他人の目にも見えるようにそれをビジュアル化できればさらに共通理解が進みます。一般に人間は自分が理解できないことを受け入れない傾向があり「同じ月がみえない」状態ではなかなか合意は得られません。周囲の方にも参画してもらい巻き込みを図るために「大理石の中にある天使」を見せましょう。ミケランジェロの描く天使のような素晴らしい絵でなくても、それを象徴する図や記号などでも構いません。なお、作画が不得手の方は生成AIで自分のイメージを反映した画像やイラストを簡単につくることができます。因みに本章での作画は生成AIによるものです。

　コンセプトを固めるための表現や方法は他にもいろいろありますので、これにこだわる必要はありません。

（6）未来解フェーズの記入例

　さて本ケースでは、目的フェーズで仮決定した価値観の表現を再度検討した結果、動詞に対する【あらゆる機会と方法で】を形容する表現として、他にも【変化に対応・変幻自在な・変幻自在に、いつでもどこでも…等々】という表現が発想されました。その言葉を聞いたMマネジャーは、「変幻自在に姿や形を変えるプロテウス神のようだね」とギリシャ神話をメンバーに伝えたところ、「【プロティアン（変幻自在な）】という表現をコンセプトに入れ込もう」ということになりました。そこでプロティアン人材（PROTEAN

第Ⅲ章　ブレイクスルー思考の進め方

HR）をプロティアン部門（PROTEAN dept.）で開発するということを象徴するために【PROTEAN HR'D】と造語表現することとなりました。また主役としての研修などの「参加者視点」を忘れないために重要な価値観として入れ込むことにし、これを部門外にもわかりやすくするために【お客様志向】と焼き直して表現し、合わせてその心を反映する意味で人材ではなく【人財】と表現しました。また部門名も能力開発センターから「人財開発センター」へ変更し、目的の拡大とともに活動の幅（事業領域）も広げていきました。

コンセプト（文章）	お客様志向をもとに あらゆる機会と方法で 変化に対応できる人材（財）を 開発する
コンセプト名	*PROTEAN HR'D* *（変幻自在な人材（財）'開発）*
コンセプト図（イメージ）	

図3-25　本ケースの未来解フェーズ記入例（部門のあるべき姿）

なお本ケースでは部門のMVVという「コトづくり」を事例にしましたが、企業における商品開発など「モノづくり」で競争力を高める場合は、究極のあるべき姿とターゲットコンセプトの間に存在するいくつかの次期ターゲットコンセプト・次次期ターゲットコンセプト…などコンセプトの階層を創り置き（未来の棚という）マーケットの成熟度や他社の動向に応じてそのコンセプトを商品化して世に出していきます。

（7）目的・価値観・あるべき姿をベースとしてMVVをつくる

　通常はここで未来解フェーズを終えますが、今回はブレイクスルー思考を活用してMVVをつくることを目指していましたので、これを部門内外へ向けたメッセージとして図3－26のように焼きなおして表現しました。

```
-Our Mission-
　私たちは、お客様志向をもって　変幻自在な機会と方法で変化に対応で
　きる人財の開発にチャレンジし、お客様の発展を支援します
```

```
-Our Vision-
         PROTEAN HR'D
```

```
　私たちはPROTEAN HR（変化に対応できるプロティアン人財）を開発する
　ためのPROTEAN HRD（変幻自在な人材開発センター）を目指します
```

```
-Our Value-
         ✔変幻自在(protean)
         ✔お客様志向(customer oriented)
　私たちは、上記ミッションを遂行しビジョンを実現する際に、これらの価値
　観を大切なものとして業務活動の判断や行動の基準とします
```

図3－26　人財開発センターのミッション・ビジョン・バリュー

第Ⅲ章　ブレイクスルー思考の進め方

 この節のポイント

1． 変化の激しい現代では、過去や現在の延長線上に未来はない。実現にチャレンジするあるべき姿は過去や現在から導くありたい姿ではなく、究極のあるべき姿から導く。

2． あるべき姿を考える際はレギュラリティで考え現実や例外事項にとらわれない。

3． あるべき姿のコンセプトは言語だけでなく、絵や図で表現したり、名前を付けるなどしてイメージを明確化していくとその創造過程で達成アイデアや方法も見えてきやすい。

ブレイクスルー思考の創造性とパパママ創造理論

　「独創的なアイデアを創造した人はいない」という言葉があります。日比野博士は創造の源泉は「新しい認識（視点転換）または既存の概念の結合・融合（異種結合）」だと述べています。ブレイクスルー思考と響創対話は、まさに視点転換と異種結合に焦点を当てたものでもあります。ここでブレイクスルー思考の持つ創造性についてまとめておきます。

　ブレイクスルー思考は創造性思考であるといわれますが、それではどこにその源泉があるのでしょうか？　それはこれまでの思考のプロセスを振り返ってみれば明らかになることでしょう。

　そもそもブレイクスルー思考は事実ではなく、その背景にある目的から考える思考でした。まずこの思考の根拠のパラダイムシフトそのものが創造性の源泉です。新たなモノやコトを想像し創造していくためには現実の制約から逃れ、目的で時間や空間を超えた抽象世界を自由に泳ぎまわることが必要となります。私たちの創造性を妨げているものの1つが現実という束縛なのです。

　さらにその後のプロセスはどうでしょう。主役と時間と場所という場の設定を変えて、目的の目的を考え新たな目的を設定し、そこに新たな価値を自由に付加していくという思考プロセスをとることで1つの問題や課題に対し解決策を無限に作り出すことができます。そしてこのプロセスによる新たな目的や価値観そしてそれらを満たす究極のあるべき姿を創り出すことは、まさに未来を創造していくことに他なりません。

　響創対話LODについてはどうでしょう。様々な視点や思考が自由に交錯する世界ではそれらが結合して化学反応を起こし相乗効果が発揮されます。異種の視点と異種のアイデアが結合し新たな視点やアイデアが創造されてくるのです。このようにブレイクスルー思考は思考プロセスそのものが創造性を内包していますので、一部の人だけが持つひらめきや直観に頼ることなくだれでも創造性を発揮できることになります。

　もちろん、ブレイクスルー思考でも既存の発想技法や創造技法を妨げるものではありません。

第Ⅲ章　ブレイクスルー思考の進め方

　下記はブレイクスルー思考でよく使われるアイデア発想法です。
＊システムアイデア発想法
＊カードKJ法
＊ブレーンストーミング法
＊各種類推・類比技法
＊パパママ創造理論
　パパママ創造理論とは、日比野博士が考案した発想法ですが、アナロジー技法を進化させブレイクスルー思考専用のすぐれたアイデア発想技法として確立され実際に使用されてきたものです。パパとは実現しようとしている目的のことです。ママとは同じ目的を達成している異分野のものです。そのママがどのような仕組みで目的を達成しようとしているのかを確認し、その仕組みをパパの目的を達成する仕組みとして取り入れ実現しようとするものです。要は実現に関するコンセプト移転を行うということですね。
　1つ例をあげます。有名な三菱電機のジェットタオルは日比野博士の指導による同社の一連のブレイクスループロジェクトの中で開発されました。その際、目的展開で得られた「水を切る（パパ）」という目的を達成するために様々なアイデアが検討されましたが、家電ではなく異分野のもので何か「切っているもの（ママ）」はないか？と問いかけたところ、ハサミ（ママ）が取り上げられ、ハサミの刃のように斜め上から吹きかける空気の圧力で水を切る、というアイデアが生まれたとのことです（日比野省三著「パパママ創造理論」より引用）。

5. 実現システムをつくろう（生解フェーズ）

（1）解決策はシステムとしてつくる

　ブレイクスルー思考の最終フェーズは、未来解フェーズで考えたあるべき姿を実現するためのシステムをデザイン（設計・構築）することです。

　すでに未来解フェーズのコンセプトを創造するプロセスで目的や価値観を実現する方法までも多少イメージされていることと思います。ここではそのイメージされていることを実際のシステムとして構築します。通常の思考では何かを考え出しそれをまとめる段階で役割を終えますが、ブレイクスルー思考ではただ考えるだけでなく、考えたことの実行方法や手段としての解決策をつくるところまで含まれています。そのこともあってブレイクスルー思考で考え出されたことは、実際に世の中で人々の生活やビジネスで役立っているモノやコトとして多く存在しており、公開可能なその一部は第Ⅳ章でご案内します。

　ところでブレイクスルー思考では問題も解決策も含むすべてのモノゴトは1つのシステムとして存在していると認識するのでしたね（システム観）。したがってここではシステムとしての解決策を考えていくことになります。皆さんの中にはシステムという表現だけで拒否感を抱く方もいらっしゃるかも知れません。その場合は当面、システムを「実行の仕組み」というふうに読み替えていただいてもかまいません。

さて何かの新しい解決システムを、すでにその時に存在している様々な既存システムの中に組み入れるためにはそれと調和するシステムでなければなりません。また環境自体の変化により既存システムが変化していく中では、新たな解決システムも静止画像のようなものではなく動画のように変化していく解決策でなければなりません。生解というコトバは、living solutionの翻訳語でまさに生きている解決策という意味です。

　なおシステムを「つくる」ということは通常はシステムデザインとかシステム設計と呼ばれますが、ここではより親しみやすい表現としてその場に応じて「つくる・作る・創る・構築する」などの表現を使います。さて、仕組みやシステムをつくると言っても、特にサービス業に携わっている方には具体的にどこからどのように手を付けたらよいものか…または、そんなことまでしなければいけないのか…という方も多いと思います。私もその一人ですからご安心ください。本書ではシステム設計の専門家がつくるような記号を使った設計書の作成方法を学んでもらうのではなく、システムデザインという考え方を現在の業務に取り入れてもらうことだけで皆さんのパフォーマンスの向上に役立てるものと考えています。理解には標準的なフォーマットがあると考えやすいので、一般にはウォーターフォールモデルという上流の川の水が滝を流れ落ち下流に流れ込んでいくようなイメージ図で図解してみます。これをブレイクスルー思考では「システムモデルまたはホッパーモデル」と呼びます。

（2）簡易システムモデルでポイントを押さえる

　手始めとして図3－27のような簡略化したシステムモデルで考えてみましょう。

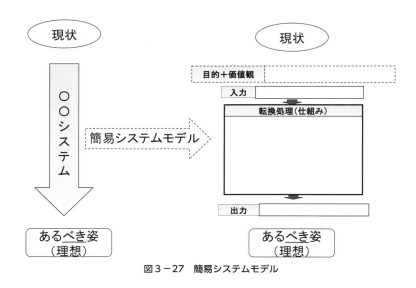

図3-27　簡易システムモデル

　図の左側をご覧ください。これは、図1-2を上下逆転した図ですが、現状を、〇〇システムを活用して理想に変えようとしています。どうやって変えるのか、その解決策（システム）が図の右側で表示している部分です。

　現在私たちの目の前にあるモノゴトは、自然界も含めてすべて何らかの解決システムと観ることもできます。人工物に限定するとそれを創った人はそれぞれどんな思惑があったのでしょうか？　どんな目的があってその解決システムを創ったのでしょうか？　それらと向き合い生活する人間にとってどういう目的を持つシステムなのでしょうか？　それらをシステムとして意識するため世の中に存在するすべての〇〇（モノゴト）を「〇〇システム」と呼んでみましょう。そうすると朝食は朝食システム、時計は時計システム、朝礼は朝礼システム、冠婚葬祭は冠婚葬祭システム、年賀状は年賀状システム、デートはデートシステム…となりますね。それらのシステムは必ず下記

の要素で構成されており、私たちがシステムを考える時にまず明確に押さえるべきポイントです。

【目的（と価値観）】

すべてのシステムには必ずその目的と価値観があるはずですから、まずはそれを明確にしておきましょう。家庭での例として、ある人の朝食システムの目的はなんでしょう？　仮に**「今日の活力を確保する」**としましょう。次にその人にとってその食事はただ活力を確保するだけでなくどんな価値があるといいでしょう？　例えば「今日の活力を**（すがすがしい気分で）**確保」出来たらいいかもしれませんね。これが目的と価値観です。そのことを見失わないために、まず図３－27の簡易システムモデルの一番上にしっかりとメモ書きしておきます。

【出力（アウトプット）】

目的と価値観が明確になれば、求める出力（アウトプット）が明確になります。目的は「名詞+動詞」の形式で表現していますので、出力はそれを逆転表示し、「動詞された名詞」がアウトプットとして流れ出てくれれば効果性が最も高いことになります。つまり朝食システムでは**「すがすがしい気分で確保された今日１日の活力」**がアウトプットされなければなりません。ただこのような無生物主語の表現では、日本語として多少違和感がありますので、人間中心に価値観も織り込んで「すがすがしい気分で食事した活力ある人間」と表現しておきましょう。

ところで、ブレイクスルー思考では出力が目的を満たしているかどうかがもっとも重要なことで、それを「効果性」と呼んでいるのでしたね。目指していることがアウトプットされなければこのシステムには意味はありませんので、このようにまずはそれを明確に押さえることがポイントです。

【入力（インプット）】
　それでは次に上流にさかのぼって入力を考えましょう。出力はあるべき人間になっていますのでその初期状態、つまり**「朝起きたばかりでまだ活力がない人間」**がインプットされるのは当然ですが、その人間が活力を得るための何らかの**「朝食用食材または既に出来上がっている朝食」**のインプットも必要ですね。
　このようにシステムを考える時に大切なことは、まずしっかりと出口と入口を確認し、間違った出口に向かって間違った入り口を選ばないことです。通常、入力や出力には人間・モノ・コト・情報などが入ります。モノづくりでいえば入力要素は原材料のようなもので次の転換処理で加工され、姿かたちを変え半製品を経て完成した製品となって出力されます。
　この３つを押さえることは当たり前のように見えますが、これだけでも成果は大きく変わってきます。目的とアウトプットの整合性はおろか、それらが不鮮明なままに企画や計画が立てられているケースも散見されます。目的地もわからず方向も定かでない状態で、一体どこにどのように進んでいこうとしているのでしょうか？
　また入力と出力についてはこのシステムの前工程と後工程のシステムを考えそれを拡げたり狭めたりすることでこの解決システムの時間的・空間的広がりを自由に設定でき、垂直統合などによる新たなビジネスモデルをいろいろと開発することができます。

【転換処理】
　初期状態としての入力、最終状態としての出力がはっきりしましたので、次に入力を出力にどのようなプロセスで転換していくのかを考えましょう。ここがいわゆる「仕組み」という部分で、構築すべきこのシステムの根幹です。今はブラックボックスになっていますが、実際には未来解フェーズであ

るべき姿としてアイデアや実現方法までも盛り込んだコンセプトを考えてありますので、ある程度の転換処理はすでに想定されていることもあります。
　朝食システムの転換処理では**「活力ある朝食をどのように準備し、それをどのようにしてすがすがしい気分で食べてもらえるかについてのシナリオや演出」**を考えていきます。サッカーに例えればキックオフで入力したボールをどのような流れでパスをつなげ、相手を交してゴールポストにアウトプットするのかの戦略・戦術・流れを考えることです。

　さてここで、トレーニングとして先にあげた時計システム、朝礼システム、冠婚葬祭システム、年賀状システムについて、今のあなたを主役として日常生活の場でそれぞれの要素について考えてみてください。目的をどう決めるかはあなたのご自由ですが、目的をどう定義するかによってそのシステムは異なったものになります。転換処理のところは少し難しいかもしれませんが、入力を「こうして、ああして、こうすれば…」出力につなげられる、というぐらいの簡単な戦略ストーリーで結構です。

（3）システムの8要素（システムモデル）
　しかし、ここで皆さんはハタと気が付くかもしれません。例えば朝食をすがすがしい気分で食べるようにするためには、朝日の差し込む部屋や空調などの快適な食事環境、テーブルやいす・食器・音楽、食事を創る人やレシピ…も必要ではないかということです。確かに転換処理に作業工程を書いただけではコトは進んでいきませんよね。そこに気が付いた方は次の段階としてこの簡易モデルをやや詳しくしたブレイクスルー思考の「システムモデル」の全体構成とその8つの要素を図3-28でご紹介します。
　やや複雑と感じる方もおられると思いますが、日常業務にシステムデザインやシステム思考という考え方を取り入れる時のポイントとしてザッと目を

通していただくだけでも役に立つと思います。

　図3-28のようにここではシステムの構成要素として8つの要素が記載されています。図中の①～⑧の番号はシステムを考え組み立てていくときの順番になりますが、先ほどの簡易モデルの4つの要素に加えてさらに4つの要素が加わっています。先ほどの朝食システムで気が付いたように、追加された要素は転換処理の仕組みを考えていく際に検討が必要になる要素で、それをだれがいつどのように整えるのか、を考えていきます。ここをおろそかにするとこのシステムは実際には稼働することができません。最近では研修の最後などにアクションプラン（行動計画・実行計画）などの作成を求められることがありますが、アクションプランは単なるto do list（やることの箇条書き）であることが多く、実際にやろうとしてもそれだけではやりようがないのではないでしょうか？

　ところでこれはあくまでシステムを考えていくときの1つのモデルであり、図解でイメージしながら考えていくことの効果性はありますが、スペースの関係やシステムの複雑性などでこのような図解形式では表現しにくい場合は、通常通り書面に記述することになります。また必要な場合は資金調達などその他の重要な要素を追加することを妨げません。

　このシステムデザインの段階では未来解フェーズで無視した例外事項にも対応し、あえて言えば科学的に論理的にかつ精緻にMECE（Mutually Exclusive and Collectively Exhaustive・モレなくダブリなく）に考えていきます。ここでは要素還元的な考え方を取り入れる必要があります。ここで思考フェーズ全体を振り返ると、ブレイクスルー思考では最初に現実から離脱し思考の根拠を現実事象の目的におき、自由に想像の世界の中で時間と空間を超えてモノゴトを創造してきましたが、最後にはそれを現実世界に落とし込むために、現実に戻り精緻な実現システムを構築するという流れになります。

第Ⅲ章　ブレイクスルー思考の進め方

（4）生解フェーズで考える2つのこと

①あるべき姿を実現するシステムモデルをつくる
②システムマトリクスで見えない部分を補完する

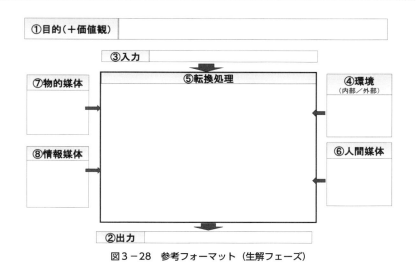

図3-28　参考フォーマット（生解フェーズ）

①あるべき姿を実現するシステムモデルをつくる

　ここでは簡易システムモデルに追加されたこのシステムを取り巻く環境要素と3つの媒体要素および転換処理についての若干の補足をいたします。

【環境】
　環境とはこの解決システムを稼働させるとき（転換処理を行うとき）のこのシステムを取り巻くあるべき環境のことです。途中で変更されていなければ人間フェーズで考えた場を指しますが、この段階まで来るとさらに場が特定されていると思います。このシステムを適切に稼働させる場合にはどうしても場の影響を受けるため検討しておかなければならないことです。環境は二つに分けられ一般的には制御不能とされる外部環境、例えばマクロ経済の動向・社会環境・自然環境…などがあります。内部環境はある程度コントロールできるものとして人間フェーズで設定した解決の場などからとらえます。この場合の環境には物理的なものだけでなく社会的・心理的・文化的・政治的・経済的…あるいはその場における既存の周辺関連システムとの関係性までも含めて検討します。組織内であれば既存の制度・規定・風土・文化・時には特定の人間についても考えなければならないことがあります。本ケースで取り上げた人財開発センターという部門システムなら、それを取り巻く組織が持つ風土や文化・職務や人事などの制度や規定などが考えられます。
　このような内部環境の中にはこのシステムに好影響を与えるものもあれば（協力・相乗システム）、阻害するもの（摩擦・阻害システム）もあるでしょう。相乗効果が得られるような環境は有効に取り込み活用し、逆に摩擦を生み出すことが予測される場合は、適切に調和を促しできるだけ活用していくか、影響を最小限に抑えます。ここではみなさんよくご存じのSWOT分析とその対応などを参考に環境を整えていきます。この環境への対応が大がかりになる場合は転換処理の中で対応サブシステムを作ります。

【転換処理（仕組み）の補足】
　第Ⅱ章でご案内したシステムの特性の内、連鎖性（つながり・関連性）や

重層性（階層性）を思い出してください。つながりについて、通常は時系列的な作業や事項の流れを矢印などの図解記号で記載しますが、この流れは単線ではなく場合によっては複数に分岐したり、ある作業をバイパスしたり、時には先に進めてから戻ってきたり、転ばぬ先の杖を考えたりすることもあります（フィードバック・フィードフォワード）。

　またすべてのことがシステムなら転換処理内の作業工程の１つ１つもシステムの構造になっているはずです。システムの重層性としてこのメインシステムのなかでのある工程を補完するための、より小さなシステムを「サブシステム」と呼びます。例えば未来解フェーズでは無視した例外的な事態や目的に反する思わしくないアウトプットに対応する作業などはサブシステムとしてここに組み込んでいきます。また、まれには目的が大きくなりすぎているため一旦統合した目的を分割して、より小さな目的に対する転換処理をサブシステムとして組み込むことが必要になる場合もあります。さらにこの転換処理全体の流れが適切に行われるための管理的な作業や事項や環境要素で想定される事態への対応も、この中に組み込みます。サブシステムが多くなれば、これらのサブシステム自体を別途１つのシステムモデルとして作成します。

　この転換処理を考える時に技術的なことなど専門外のことについては専門のエンジニアに任せなければなりませんが、大多数を占めるサービス産業下でのビジネスや生活上の日常的なシステムでは、当事者で考えることが出来ると思います。このセッションのタイトルも『システム設計』などとせずに『実現システムを作る』と表現したのもその辺のニュアンスからです。なおブレイクスルー思考では必要な各種サブシステムなどこの転換処理の抜け漏れをチェックするため、次の②でご案内する【システムマトリクス】という便利なツールが準備されています。

　ここでいう転換処理（仕組み）をもう少しなじみやすい言葉を使うと、時

系列的な流れ・処理の流れ・プロセス・工程表・フローチャート・シナリオ・手順などと表現してもよいでしょう。もし「ストーリーとしての競争戦略」を著した本書の推薦者、一橋大の楠木健氏であれば『戦略ストーリー』と表現されるかもしれません。

なおここでの転換処理の書き方は、専門の方以外は記号を使ったフローチャート図やアクティビティー図などでなくても、業務フローのように流れがわかるような文章やちょっとした図解表示をするだけで構いません。大切なことは、転換の流れを可視化しながら考えていくことです。

ところで転換処理を進めるためには必ず準備すべき要素としていくつかの媒体的要素が必要になります。図3-28の⑥～⑧がそれにあたります。システムモデルでいう媒体とはまさに転換処理を進めてくれる、あるべき人・物・情報などでいずれも必須のものですが、入力要素のように形を変えて出力されるものではなく、触媒のように働いて何度でも再使用可能なリソースのようなものを指します。また人・物・情報などは入力要素にもなりますので、その分別を間違えないようにしましょう。

【人間（人的）媒体】

文字通りの人間だけでなく人的要素を示しており、具体的な組織や人間の持つ能力、人間関係、場合によっては科学技術の進歩により生まれるロボットやAIなど人間に代わるものなども含んで考えましょう。とはいえブレイクスルー思考はあくまで人間中心の思考で、どんな場合でも能力だけでなく心をもってモノゴトを成し遂げるのは人間であり、そうあるべきと位置付けていますので忘れないようにしましょう。どんな人がどのように必要で参画巻き込みを図るのか…など、当初人間フェーズで考えた時点よりも具体的に考えられるはずです。

人間媒体と入力要素との違いですが例えば看護師さんは、病院システム内

では人間媒体ですが、休憩時間に喫茶店にいけばお客様として喫茶店システムの入力要素となります。本ケースで取り上げた人財開発センターという部門を研修システムと考えるなら、当事者５人をはじめ各研修の講師や研修など参加者の上司などは人的媒体であり、研修参加者はこの人づくりシステムの入力でしたね。

【物的媒体】
　入力を出力に転換する際に必要となる物的要素です。工場なら建物をはじめ各種機械や設備・道具など、飲食店ならお店・テーブル・椅子・各種什器備品・レジスター・領収書なども必要でしょうね。本ケースで取り上げた人財開発センターという部門の研修システムなら研修室・プロジェクター・パソコン・ホワイトボードなど研修用各種機材・マイク・スピーカー・筆記用具…等をいつ・誰が・どのように調達・準備するのかを考えシステムの中に組み込んでいきます。

【情報媒体】
　入力を出力に転換するための情報です。例えば工場で何かを作るシステムでは機械を稼働させるのに必要なマニュアルやソフト・工程管理表などは情報媒体となります。セールスパーソンならタブレット端末は物的媒体ですが、そこに入れるソフトや製品パンフレットなどは情報媒体となるでしょう。本ケースの場合は、講師が使う教材データや参加者配布用教材データなどがこれに当たります。なおここで印刷された配布用教材を物的媒体とするか情報媒体として洗い出すかは大きな問題ではありません。ただ各種媒体は入力ではないことだけは意識しましょう。入力要素はまさにこれから取り組む転換処理全体の対象でありそれが何なのかはしっかり考えないといけません。またこれら以外に例えば通常リソース（資源）として挙げられる時間・

コスト・関係性などを別要素として明確化することが求められる場合もあろうかと思います。

【システムモデルの例―デートシステム】

さて、上記を理解するためにわかりやすい事例を図3－29として1つ掲げておきます。これはデートをデートシステムとして、システムモデル化したものです。デート？と思う方もいるかもしれませんが、デートも1つの立派なシステムですからシステムモデルの理解には役立つと思います。最初のデートがうまくいかないとその後の対応が困難になる場合もあるはずですからここは入念に企画を立ててシステムモデルを考えてみましょう。

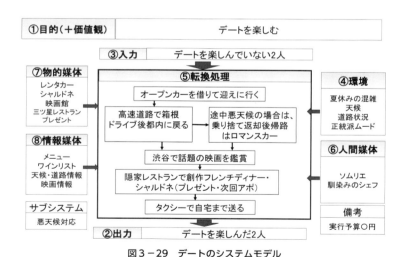

図3－29　デートのシステムモデル

上記のようなシステムモデルを考えて実行すれば、場当たり的なデートよりも成功の可能性は高いのではないでしょうか。

第Ⅲ章　ブレイクスルー思考の進め方

②システムマトリクスで補完し実行を管理する

　第Ⅰ章でもご案内したように実際にはシステムの全体像は目にすることができません。未来解フェーズで様々な方法で見える化をめざしてきましたが、やはりそこにはおのずと限界があります。そこでこれまで考えてきたシステムモデルをそのシステムの基本次元として、さらに新たな6つの切り口でそのシステムの断面を見えるようにして抜け漏れのない精緻なシステムを作ります。ＣＴやＭＲＩで体内の見えないところを断層撮影するようなものです。そのためブレイクスルー思考ではシステムマトリクスという便利なツールが準備されています。図3－30に示した氷山のように一部のみ見えているシステムに魚群探知機のようにレーダーを照射し、システムモデルで見えない部分を別の6次元の切り口で断層撮影し確認できるようにしたものです。

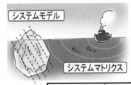

システムの6次元 （システムの切り口）

システム	基本次元	価値観	評価基準目標値	管理	関連 摩擦	関連 相乗	未来
目的	✔						
入力	✔						
出力	✔						
転換処理	✔						
環境	✔						
人間媒体	✔						
物的媒体	✔						
情報媒体	✔						

（システムの8要素）

図3－30　システムマトリクスで見えない部分を確認する

183

これにより今まで見えなかったシステムの8要素が、6つの次元でマトリクス化され48個のセルで見えない部分までチェックできるようになりました。この48個のセルのすべてが確認されていれば相当に複雑なシステムでも抜け漏れが生じることはないでしょう。
　ここではシステムマトリクスの各次元の概要のみを説明します。図中で✔印を入れた基本次元はすでに検討されているシステムモデルのことです。

ⅰ．価値観・評価基準・目標値を定め実行を管理する
　システムモデルの8要素について、それぞれ何が大切なのかという価値観の指標が決められているか、またそれが満たされているかどうかの評価基準や目標値はどうなっているのか、それらはどのように管理されているのかを確認します。例えば先ほどのデートシステムの転換処理に必要とされる物的媒体で理想のレンタカーとして大切なことは何か（→オープンカー）それがあらかじめ決められているか？　オープンの程度はどのような基準で判断すべきか、その基準が満たされているかどうかの目標値はどうか？　それらを通してオープンカーはどのように確保され管理されているかなどを確認します。そして必要な場合はそれらを管理するためのサブシステム（補助システム）を組み込みます。
　管理次元はシステムの8要素（システムモデル）のそれぞれを管理するものですが、特に転換処理が適切に流れているかどうかは、まさにそのシステムの実行（適正稼働）を管理することになります。これが解決システムの実現を保証する実行管理システムですが、ここでは価値観による管理だけでなく個々の要素や転換処理全体についての5WIHのレベルでの実行管理が必要となる場合もあり、その場合はサブシステムとして別途実行管理についてのシステムモデルをつくることをお勧めします。
　　注：システムの本質である目的に対する価値観・評価基準・目標値に関し

ては、すでに目的フェーズと未来解フェーズで検討されていますが、ここでは目的そのものの達成や実現を管理することになります。

ii．関連次元を確認し関連周辺システムとの整合性をとる

これから構築しようとするシステムと関連する他のシステムとの整合性を確認します。ここは空間的なつながりとして場の設定や環境要素などからも検討してきましたが、関連システムには摩擦システムと相乗システムの2つがあり、これから構築しようとするシステムと摩擦を生み出すような現存システムとの整合性や調和が取れているか、または相乗効果が期待できる既存システムを適切に取り込み活かせるようになっているか、どうすればそれを確保できるか、などを確認します。

ブレイクスルー思考ではすべてのモノ・コトをシステムとしてとらえていますので、周囲には網の目のように時間的・空間的にさまざまなシステムが現存しています（システムにはつながりがある）。私たちはその無限連鎖的な既存システムの中に新たなシステムを組み込もうとしているので周囲との関係性が適切に構築できなければ、そのシステムが稼働することができません。例えば企業内で新たな施策（新たなシステム）を施そうとしてもすでに別の部門からバッティングする施策（既存システム）が出されていれば、そこには何らかの調整が必要になるでしょう。また場合によっては既存の施策と連携させることによって双方にとってメリットある結果が得られるようにすることもできるでしょう。でき得る限り可能な連携を取り、この新たなシステムが最大の効果を発揮するようにサブシステムを組み込むことが必要となる場合もあります。

またここでは詳説しませんが、関連次元も組織外まで広げれば同業他社や異業種とのネットワーク構築など新たなビジネスモデルの構築に威力を発揮しますので、いろいろ考えてみてください。

iii. 将来次元であらかじめ将来への変化対応を組み込む

　このセッションの最初で生解について解説しました。繰り返しますが、ブレイクスルー思考では常に変化していく状況に合わせて解決システムも変化させていかなければならないと考えています。従ってこの解決システムにも、やがて訪れる変化に対し初めから変化対応システムを組み込んでおきます。例えば６カ月ごとにこのシステムが見直されるようなサブシステムを組み込んでおくとか、このような状況が発生した場合にはシステムのある部分をこのように見直しする、などと決めておきます。このように関連次元や将来次元はシステムの空間的・時間的な広がりに対応できるようになっています。

　このシステムマトリクスは様々な場面でも使える有効なツールで、皆さんの脳内にこれを組み込んでおけば、常に広い視野（全体）からモノゴト（部分）を眺めて考えることができます。例えば日常の会議などでもこのシステムマトリクスを使えば他の参加者の発言や当面の議論の中で、どんな視点だけに偏っているか、どんな視点が抜けているか等が容易に把握できますので適切なファシリテーションが確保できます。とはいえシステムマトリクスのこれら48個のすべてのセルを確認していくことを考えると気が重くなりますが、日常的な場面ではシステムモデル（基本次元）と転換処理（仕組み）の管理次元・関連次元・将来次元についてのみ考えが及んでいるか否かを確認し、その他のセルは必要に応じて確認する程度でよいでしょう。これで少し気が楽になりますね。

（５）生解フェーズの記入例

　生解フェーズ全体の記入例として、本来は図３－25で示した部門のあるべき姿全体を実現するシステムを提示すべきですが、やや複雑になりますのでここでは本セッションの目的であるシステムモデル作成の理解にフォーカ

第Ⅲ章 ブレイクスルー思考の進め方

スするため、その中からメンバー全員が部門のコア業務として最も関心を持っていた「研修実施について部門のあるべき姿にもとづき見直し実施する」ためのシステムモデルを例示します。

※本ケースで取り上げた部門のMVV作成とそれに基づく全人材開発体系と体制の整備はある大手企業の実際事例に基づいており、特に開発機会と方法の拡大・多様化により、実際にはかなり大がかりなシステムになっています。

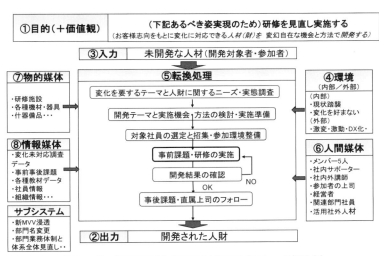

図3-31 研修の見直し実施についての生解フェーズ記入例

さてここまでで少々時間をかけて4つの思考フェーズについて進め方を理解していただいたと思いますので、私たちが何をしてきたのかについて振り返りをしておきます。

大きな流れとしては問題→課題→解決策と考えてきたことになりますが、人間フェーズでは問題を課題に切り替え特定解としての解決の場を明確化し

ました。目的フェーズではその課題に対して考えた目的や目的展開から導き出し再定義した新たな目的（着眼目的）とそれに付加する価値観を設定しました。この段階で最初の課題そのものも同時に再定義されたことになります。また未来解フェーズではその再定義された課題を実現するためにあるべき姿やコンセプトなどを考えていきましたが、これは現状をブレイクスルーする解決策を実現していくためのプロセスということになります。そして生解フェーズを最終プロセスとしてこれを実行・実現するシステムを構築しました。実際にはその後これを実行することで初めて成果の創出がはかられることになります。なおここでは生解フェーズが狭義の解決策づくりですが、この4つのフェーズ全体が解決策づくりということもできるでしょう。

このようにブレイクスルー思考では、問題解決というより解決策創造に重点を置いています。

 この節のポイント

1. あるべき姿を実現するためには実現システムとして8要素から構成されるシステムモデルを創る。そのメインはあるべき姿の実現を目指して入力状態を出力状態に変える転換処理（仕組み）となる。

2. システムモデルだけでは明らかでない部分はシステムマトリクスを活用してサブシステムを転換処理に組み込む。その際管理次元が組み込まれないとシステムが実行（稼働）されない。また周囲にある関連システム（摩擦・相乗）との調和を図ることと、生解（リビングソリューション）として将来への変化対応サブシステムもあらかじめ組み込んでおく。

3．ブレイクスルー思考は単なる思考法ではなく、考えたことが実際に実行され目指す成果を生み出すことをゴールとする実践的な思考である。

【コラム】 システム思考とデザイン思考

　最近「システム思考」という言葉をよく目にしますが、その内容にはさまざまなものが含まれています。これは固有名詞ではなく世の中をシステムとしてとらえる思考様式全体への総称と思われます。そういう意味ではこのブレイクスルー思考もシステム思考の範疇に入りますが、実はブレイクスルー思考やその前身であるワークデザインではシステム思考というコトバそのものが生まれる前からシステム的な問題解決のアプローチを行っていました。

　当時は思考という表現は一般的ではなく、アプローチという表現が使われていました。研究アプローチ、分析アプローチなど要素還元的な思考に基づくアプローチが全盛の時代で、ブレイクスルー思考の前身であるワークデザイン（作業や仕事のデザイン）が、現状の作業や仕事を分析することから改善に取り組むのではなく、作業や仕事の目的とあるべき姿を見据えた全く新たな理想システムをデザインするという手法を発表しデザインアプローチと称していました。

　「デザイン思考」という言葉も今ではIDEO社のデザイン思考がすぐに思い浮かびますが、これももともと固有名詞ではなくデザインを通じて問題解決を考える思考の総称のようなものです。ブレイクスルー思考もシステムデザインという側面から見ればデザイン思考の1つと位置付けられます。先ごろ、日本でのワークデザインの研究と普及を長年続けられてきた早稲田大学の黒須誠治名誉教授が会長となり「日本システムデザイン学会」が設立され、ますますこの分野の研究・開発や実践活動が進んでおります。また経済産業省では、第4次産業革命への対応などとして様々な分野で高度なデザインができる人材（高度デザイン人材）の育成が急務だとしています。

　このような時代の要請からもブレイクスルー思考がさらに普及し活用されていくことを期待しています。

第Ⅳ章
ブレイクスルー思考を活用しよう

ブレイクスルー思考はビジネス思考の基本ソフトのようなもので、そこへ様々なアプリを載せるように実際のビジネスや生活の場面に当てはめていくことができなければ使うことができません。知識はそのままでは知恵にはならずリテラシーが必要だ、などといわれます。ブレイクスルー思考でも実際場面への当てはめがピンとこない場合もあるかもしれません。また皆さんの中にはこのような本を読んだときに、常にそれを自分の状況にあてはめながら読むことが得意な人とあまり得意でない人もおられると思います。ここでは「モノづくり」「コトづくり」「人づくり」など様々な場面でのブレイクスルー思考の使い方のヒントを示すとともに、これまで日本企画計画学会の学会誌「企画計画」や書籍などに掲載された活用の事例などをご紹介します。

1. ブレイクスルー思考の全体構成から活用を考える

　最初に、図4－1と図4－2を参考に、ブレイクスルー思考全体の流れを振り返り自分はどこで活用できるのかを考えてみましょう。

　ブレイクスルー思考の最も大きな特徴は、作業の実行の前にその目的を考えることでした。図4－1の2つ星ハイパフォーマー（上から2段目）のように、まず何らかの行動をする前にその行動の目的を考えてからとりかかるようにしましょう。そうすればその行動で目指すこと、つまり目的やゴールが明確になり仕事の効果性を大きく上げることができます。またできればその目的を展開し、新たに定義され発見されたその先の目的に対して行動をとれば、先の先の真の目的が達成でき、その間の仕事を中抜きすることも可能になります。

第Ⅳ章　ブレイクスルー思考を活用しよう

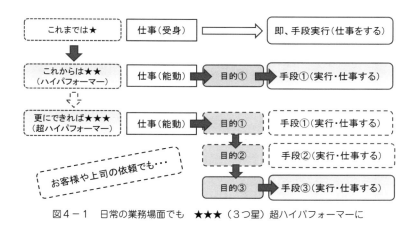

図4-1　日常の業務場面でも　★★★（3つ星）超ハイパフォーマーに

図4-2　思考の構造化で誰でも考えられる

これであなたは3つ星の超ハイパフォーマーに変身できます。また、本来取り組まなくていい仕事や間違った仕事に時間やエネルギーを割くロスを防止することができます。さらに、この目的展開という手法をビジネスに取り入れれば、他社に対して異質的な競争優位を創り上げることができるようになります。
　次に、図4－2の思考フェーズ全体を振り返り、あなたが活用すべき点を考えてみましょう。
　最初の人間フェーズの考え方は、通常の思考に比較すると実にユニークなものですが、それは思考したあとの実行およびその先の成果の創出を考えたものでしたね。何らかの問題解決やプロジェクトなどの活動を開始する前に、まずこのように人間を中心とした企画の全体をあらかじめ考えながら進めていくことで実行や成果の創出が保証されることになります。すべての作業や仕事には人間がかかわっています。ここではポストイットを使った響創対話（LOD）で関係者の参画巻き込みを図りながら進めていくことがポイントでしたね。このプロセスはぜひ取り入れたいところです。またここでは主役と場の設定（特定）も非常に重要でしたね。ビジネスは常に特定解で考えるべきものです。求められるのは誰のための解決策なのか？どこの解決策なのか？いつの解決策なのか？を明確化しそれらを反映して考えていくことです。
　次の目的フェーズはすぐに走り出さずにまず方向をしっかり定めることでしたね。仕事など時間とエネルギーを使う作業は手段にすぎません。手段の目的化が生じていないか時々点検しましょう。そして今やっている仕事よりももっと効果性が高くスマートに働くことも検討しましょう。またその仕事にどのような価値が加わればさらに理想的なのでしょうか？　目的展開による目的の再定義とともに新たな価値を創造していきましょう。そのことによって目の前に立ちはだかる現状を突破しオンリーワンの解決策を創造するこ

とが出来るようになります。

　あるべき姿という考え方はどうでしょうか。新たな目的や価値という本質を外さないようにしながら、目に見えなかった未来へのゴールをイメージすることでその姿が明確になり、実現の道筋も見えてくるようになります。変化の激しいこの時代に過去の延長線上にはない未来を実現していくために、究極の未来から学ぶという考え方は是非ともビジネスに取り入れたい考え方です。またあるべき姿を考えていくときは細部や例外事項に捉われて思考停止にならず、まずは通常起こりえること（レギュラリティ）から考えていくのでしたね。このようにして皆さんはリーダーとなって周囲の人に進むべき未来への方向性を示さなければなりません。

　また、考えたことは最終的には必ず実行される必要があります。私たちは、細かく張り巡らされた目に見えない大きなシステムという現実に、頭の中で考え出された新たなシステムを組み込もうとしています。関連する既存システムに組み込む解決策もまた１つのシステムとして設計されていなければ、そのシステムが適切に稼働し実行されることは不可能でしょう。単なる目標の設定ややるべき行動の羅列（アクションプラン）ではモノゴトは実行されません。そのためにはアウトプットやインプットを明確にし、その転換プロセス（仕組み）とそれに必要なリソースを確保するシステムモデルを設計する必要があります。あなたがその手法を手中にして自分のものとして習慣化すれば、来週の家族旅行の計画から長期の人生設計（キャリア開発）まで、またビジネスの場面では日常の会議から企業戦略やビジネスモデルの策定にまで活用できるでしょう。

　ここまで、ブレイクスルー思考を４つの思考フェーズに分割し長々と説明しましたので、「こんなにややこしい手順を踏まなければ活用できないものなのか」と感じた方もいるかもしれません。しかし、それは全体の流れを理解していただくためであって、実際の活用はその一部でも全く差し支えあり

ません。

　ここで全体の復習を兼ねて、下記場面でのブレイクスルー思考の活用を考えてみましょう。いずれもビジネスシーンを想定しています。

〈場面（課題）例〉
　1．チームメンバーに将来の方向性を示したい…
　2．何をやっても計画倒れで実行されていかない…
　3．社内で何かやろうとすると必ず邪魔する人がでてくる…
　4．会議をやっても意見が出てこない…
　5．ウチにしかできない商品やサービスがあれば…
　6．大手のように人も金もないが、何とか勝負できないか…
　7．完全だと思ったのに、どこかで歯車が狂っている…
　8．何とかして現状を打破したい…
　9．どうしても現実に目を奪われ、未来のことまではなかなか考えられない
　10．どうやったら自分の思いが実現できるんだろう…

　これを見てピンときた方はしっかり読んでいただいた方だと思います。もちろん原因や解決策はほかにもあるでしょうが、ここではブレイクスルー思考の活用という観点からヒントを示しておきます。

〈場面（課題）例へのヒント〉
1．チームメンバーに将来の方向性を示したい…
　　将来の方向性とはその部門の目的つまりミッション（目的）から導くあるべき姿としてのビジョンを示すことです。目的フェーズや未来解フェーズを思い出してください。

2．何をやっても計画倒れで実行されていかない…
　　モノゴトが実行されないのは実行の仕組み、つまり実現システムがしっかりと構築されていないことが多いものです。生解フェーズでのシステムモデルやシステムマトリクスを活用してください。
3．社内で何かやろうとすると必ず邪魔する人がでてくる…
　　まずは関係者をすべてリストアップして、反対者も含めてどの段階でどのようにその人たちの参画巻き込みを図るかを計画しておくことが大事です。またコトを実行する前にシステムモデルの環境要素、特に内部環境について対策を施してください。あるいは、システムマトリクスの関連次元で摩擦システムの対策を施しているかを確認する必要があります。反対者も１つの既存システムとして存在しており、そことの整合性を確保することがこの解決システムの実行を保証することになります。
4．会議をやっても意見が出てこない…
　　響創対話を思い出してください。LODの流れでしたね。まずグランドルールで安心と安全の場をつくり、いきなり全員で話し合いを始めずに、参加者一人ひとりが考える時間をつくり自分の意見をポストイットなどに記入する作業を入れることで、参加者は参画者に変わっていきます。
5．ウチにしかできない商品やサービスがあれば…
　　主役をだれに置くか、時間や場所を貴社の状況で特定することで、他社には通用しない状況の中で解決策を考えます。そして、目的展開で再定義された新たな着眼目的に、オリジナリティあふれる価値観を設定することで、他にはないコンセプトが生まれ新たな商品やサービスが創造されます。
6．大手のように人も金もないが、何とか勝負できないか…
　　極端にいえば、ただ一人の社員がブレイクスルー思考をインプットし

それを使うことで、他社をしのぐアイデアを創出し商品やサービスを創造することができます。ブレイクスルー思考を使うことに大きな投資は必要ありません。

7．完全だと思ったのに、どこかで歯車が狂っている…

　どの段階でどのように歯車が狂っているかにもよりますが、ブレイクスルー思考の４つのフェーズとシステムマトリクスの48個のセルを確認することで問題が発見できる可能性は高くなります。

8．何とかして現状を打破したい…

　ブレイクスルーとは、まさに現状打破・現状突破という意味です。目的展開で現状とは異なる新たな目的を発見し、さらに新たな価値観を付加し、究極のあるべき姿からチャレンジするあるべき姿を導き出せば、現状は突破できるでしょう。私たちの現状打破を妨げているものは、その妨げている現状からモノゴトを考えようとする私たちの姿勢や思考です。

9．どうしても現実に目を奪われ、未来のことまではなかなか考えられない

　変化が激しく過去の延長線上に未来がない現代では、未来は想像・創造し難く、いずれは不連続地点へ到達してしまいます。また過去や現在の制約から逃れない限り未来のことなど考えようもありません。目に見える現実から目に見えない目的へ思考を切り替えることで、私たちは自由に未来世界を見に行くことができます。

10．どうやったら自分の思いが実現できるんだろう…

　思いは願望や夢のように明確ではないことが多いものです。ブレイクスルー思考で思いを目的として明確化し、周囲の参画巻き込みをしながら着実に各思考フェーズを進めることで実現の可能性が高まります。自分で主体的に考えた強い思いが、達成へ向けての情熱を生みだし、達成への使命感そして行動へとつながっていきます。

第Ⅳ章　ブレイクスルー思考を活用しよう

　いかがでしょうか？　あくまでブレイクスルー思考の観点での活用のヒントですが、何も手掛かりがないままに考えこんでいるだけではモノゴトは進展しません。このようにブレイクスルー思考の様々な側面がビジネス上の問題に大きなヒントや指針を与えてくれます。

　ブレイクスルー思考は、個人や家庭生活の場面でも同様に活用することができます。
　１．家族旅行の計画を立てたい…
　２．どのような家庭を築きたいのかを夫婦で話し合いたい…
　３．働く目的や生きる目的を考え、自分のキャリアをしっかり見据えたい…
　４．大学に入る目的をもう一度考え進路を選択したい…
　５．自分の思いを達成するためのロードマップを考えてみたい…
　６．限られた自分の時間を大切にしたい…

　これらも同様にブレイクスルー思考を活用して考えていくことができます。ブレイクスルー思考という指針があることで随分と考えやすくなるのではないでしょうか。

　ところで、最後の６．の課題はビジネスでも共通である優先順位、つまりタイムマネジメントについてのことですので、若干説明を加えます。時間管理が不得手な人の共通の問題は、行動の優先順位がつけられないことです。では行動の優先順位はどのようにつけたらよいのでしょう。それは、「それぞれの行動の目的の優先順位に従うこと」です。目的が明確化できないと目的自体の優先順位がつけられないので、それに伴う行動の優先順位がつけられないことが多いのです。
　また、ブレイクスルー思考でそれらの目的の展開図を作ると、必要でない

目的を発見しスルーすることもできます。こうしてやらなくてもよい行動を省いていくことで、本来実現したい目的を達成するための行動時間を生み出していくことができます。

　人は朝起きてから寝るまで、生活や仕事の中で実に数多くの問題解決や解決方法に関する意思決定をしていると言われます。今日の朝食はどうしようか？　外出先で雨に降られたらどうしよう？　同時にしなければならない仕事が２つあるがどちらを先に片付けよう？…など、数え上げたらきりがありません。

　先の事例やこれらのことは、すべて何らかの問題や課題の解決ということができます。そこでブレイクスルー思考の問題解決への活用を考えてみましょう。問題解決の考え方も通常の思考とブレイクスルー思考では異なってくるのでそこについて次に説明します。

2. 問題解決への活用を考える

　最初にもお伝えしましたが、ブレイクスルー思考では問題を「その人の心にひっかかる事項」としています。そのためブレイクスルー思考では、人間の認識の有無にかかわらず物理的に存在している問題の原因を取り除くことを考えるのではなく、あくまで特定の場における人間の認識した問題を解決することを守備範囲と考えています。ここで思い出してほしいことは、カラス事例のように人間の問題は必ずしも物理的原因を取り除かなくても解決できるということです。冒頭に活用事例としてご紹介したカラス問題も、システム観の認識を取れば特定の場において電力安定供給システムが脅かされ、それが電力会社の人の心に大いに引っかかったということになります。そして解決策も単にカラスを排除するだけでなく、特定の場における電力安定供給システムを１つの解決策として設計したことになります。

ちなみにブレイクスルー思考では問題を５種類に分類し、そのうちの「企画の問題」を対象としており、事実・真実を究明し一般法則を考えるような「研究の問題」を対象としていません。そして企画の問題に対しては「どうあるべきか・いかにして、をデザインしていく」というデザインアプローチ（ブレイクスルー思考）を使い、研究の問題に対しては、「どうなっているのか・なぜと分析し真実・真因を突き止める」という研究アプローチまたは分析アプローチを使うことになります。

　したがって、私たちは問題に直面した時にまず最初に考えることは、この問題が企画の問題なのか、それとも研究の問題なのかを見極めることになります。そうでないと第Ⅱ章のコラムで述べたように間違った問題や課題そしてアプローチをとることになります。（これらについて深く学んでみたい方はナドラー博士・日比野博士の共著『Creative Solution Finding』を参照してください）。そして、第Ⅰ章でも述べた通り、私たちの目指すゴールは問題によってこの２つの思考を使い分けるハイブリッド思考を身に付けることです。

　さてブレイクスルー思考の問題解決の流れは、図４－３の右側の流れになります。左側の要素還元的な問題解決とはプロセスとそれによって得られることも異なってきます。

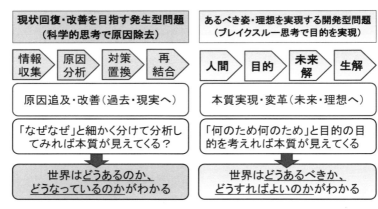

図4-3　2つの問題解決法

　それではこれを次のような具体的な問題で説明します。あなたの家の水栓蛇口からポタポタと水が漏っています。これについて「心に何も引っかからない」人には問題自体が存在しません。「引っかかった」場合は図4-3の流れでそれぞれ問題解決を考えてみましょう。

　通常の思考では、例えば水栓の蛇口から水が漏れているという問題が既に発生していれば、まず水栓の現実情報を集めるため水栓を分解し、原因をあぶりだすための分析を行います。多分ここではWHYツリーなどで分析し問題の真因を突き止めることになるのでしょうか。すると原因はゴムパッキングの劣化であることがわかりました。そこで今度はHOWツリーなどで様々な対策を考えます。するとこれはパッキングを修理するか新品に交換すれば、蛇口は元通りに締まることがわかり、これで問題は解決されたことになります。現状復帰や改善的な問題解決であればこれで何の問題もなく、実際にはほとんどの水道屋さんがこのような問題解決をしています。

　しかしブレイクスルー思考ではこのような発生型の問題に対してさえ、改

第Ⅳ章　ブレイクスルー思考を活用しよう

めて何のためにその問題を解決するのかを考え、まず問題を何に取り組むのかという課題表現に切り替えます。それは、ブレイクスルー思考では不具合を元に戻すのではなく、あるべき姿に変革することを解決策としているからです。したがってブレイクスルー思考による問題解決の手順は、これまでの４つの思考フェーズをそのまま適用していきます。

　復習として振り返ると、まずここでの特定解を導き出すために改めて問題の解決の場とそこで主役とする人間を特定し問題を課題に切り替えます。次にその課題の目的を考え、どうなったら理想的なのかを考え、最後にその理想状態を実現するシステムを考えるという手順でしたね。例えば、水漏れを解消する目的は「必要な時だけ水がでるようにすることだ」と考えます。これはあなたにとってまさに水栓本来の目的ですね。そしてその究極の理想は、例えば心に念じればそれがなされることかもしれませんが、それが無理だとしても蛇口を回すよりもっと簡単な操作、例えば声で蛇口を操作する・センサーを使って簡単な動作で蛇口を操作できることがチャレンジするあるべき姿かもしれません。

　そうすると、その実現システムとして手をかざすだけで水を出したり止めたりできる方法はないかと考えたり、声や動作で反応するセンサー付き水栓→自動水栓などもすぐに考えられるでしょう。さらには、その水栓の目的が今のあなたにとってはコップ一杯の水を飲むことであれば、そもそも水道や水栓がなくても空気中の水分を集めて飲む方法を考えるかもしれません。冷たいビール瓶を部屋においておけばすぐに水滴がついてきますので今の科学技術でこれは可能です（ちなみにネットで調べたところ、そのシステムはすでに存在しているようです）。

　この２つの異なる問題解決プロセスで得られる解決策やその成果は全く異なってきます。ビジネスでいうとブレイクスルー思考では原状回復や改善で

はなく変革・革新の領域に入ることになります。あなたがビジネスパーソンならこのように新たな解決策を商品として世に出せば、もう町の水道屋さんとの競争は無くなってしまうかもしれません。あなたの企業は異質的な差別化で、この分野のトップランナーに躍り出ることができるでしょう。逆にあなたの企業がいつまでも原状回復や改善の域にとどまっていれば、やがてそれをブレイクスルーする企業の後塵を拝することになるかもしれません。

3. 不良定義問題に活用する

　皆さんは「良定義問題（well-defined problem）」と「不良定義問題（ill-defined problem）」という言葉を聞いたことがあるでしょうか。もともとは、ある数学者が数学の問題に対して定義した表現のようですが、翻訳も不自然な日本語で、今は多少変形されて使われることがあります。

　次は、これを使ってブレイクスルー思考の活用について考えてみましょう。本来はこの言葉には厳密な定義がありますが、ここでは簡略化して図4－4の最上部に数式で例示したように、良定義問題とは現状（問題）や理想（1つの正解）が明確でそのギャップを埋める方法（解決策）も明らかになっている問題としておきます。例えば学校で出されるテストのようなもので、問題は先生から決められており理想は唯一の正解として決まっています。そして解き方も、教科書や授業であらかじめ知らされてわかっています。私たちは大人になるまで、ずっとこの良定義問題の問題や正解そして解き方を知識として脳に記憶させ身に付けてきました。

　学校では、通常記憶した知識の量で優秀さが測られます。しかし、優秀な学生も社会に出ると初めて学校という枠組みから外されて、不良定義問題を解かなくてはなりません。良定義問題は仕事でいえば定型業務のようなもので、あらかじめマニュアルは策定されているため、それに従って仕事をすれ

第Ⅳ章　ブレイクスルー思考を活用しよう

```
┌─────────────────────┐    ┌─────────────────────┐
│     （4＋3＝？）      │    │     7＝○±△？        │
│    「良定義問題」     │    │    「不良定義問題」   │
│ 学校教育のように、問題と解き方が │    │ ビジネスのように問題も解き方もそれ │
│ 明示されていて答えは1つの正解  │    │ ぞれで、答えは場面によりいろいろ  │
│         ↓           │    │         ↓           │
│    1つの正解・一般解   │    │    多様な生解・特定解  │
│  →科学（的思考）で解ける │    │  →科学（的思考）では解けない │
└─────────────────────┘    └─────────────────────┘
 例：マニュアルで進める定型業務    例：マニュアルにない判断業務
    →やがてAIに置き換わる         →人間がやることになるが
                                 マニュアルがないので困る
```

図4-4　ビジネスは不良定義問題の連続

ば必ず正しい処理が行われるようになります。

　ひるがえって、実際の私たちの生活やビジネスは不良定義問題の連続です。例えば、これからどんな人生を歩めばよいのか？　どんな仕事をしようか？　どうやってそれを考えればいいのか？…。何が問題なのか、自分の思いもはっきりしないし、何が理想なのか、自分の目指すゴールも簡単には見つかりません。見つけたとしてもどうやってそこに行くのか見当がつかないことが多いでしょう。そこには、教科書もなく先生もおらず、誰もそれを教えてくれません。社会に出るということ、大人になるということとはそういうことです。仕事でいえばこれは判断業務に当たります。自分の主体性を発揮して判断の基準やその道筋や答もすべて自分で考えなければなりません。もちろんその判断には当然に責任が発生します。ところが判断業務についてはプロセスが明確に定められていないのです。

　皆さんがビジネスパーソンなら不良定義問題の例として、次のようなことをいわれたことがないでしょうか？

〈ビジネスシーンでありがちが不良定義問題の例〉

- ◆ビジョンを語れる人になれ！
- ◆あるべき姿を考えよ！
- ◆イノベーションを起こせ！
- ◆実行の仕組みを考えろ！
- ◆新たな価値を創造せよ！
- ◆未来志向になれ！
- ◆改善ではなく変革を考えよ！
- ◆変化を先取りしろ！
- ◆方向性を示せ！
- ◆他社の一歩先へいけ！
- ◆目的を実現せよ！
- ◆情報に踊らされるな！
- ◆チェンジリーダーになれ！
- ◆効率の前に効果を考えよ！
- ◆発想を転換せよ！
- ◆パラダイムを変えよ！
- ◆オンリーワンをめざせ！
- ◆創造性を発揮せよ！　　　…等々

→通常の思考には「不良定義問題を考えるすべ」はない

ブレイクスルー思考は、ビジネス思考のOS（基本ソフト）。不良定義問題が連続する様々なビジネスシーンでこそあなたの効果性を劇的に向上させる。

第Ⅳ章　ブレイクスルー思考を活用しよう

　これらは無責任に皆さんに投げかけられるかもしれませんが、ほとんどの人は「それはわかっているけど、どうやって…」というのが本音でしょう。しかし間違ってはいけないのは、これを皆さんに投げかけたのは学校の先生ではありません。会社の上司であればそんなことを尋ねたら「それを考えるのがお前の仕事だろ」などと、はぐらかされるのが関の山です。多くの上司も、その答えを持っていません。

　でも安心してください。ブレイクスルー思考は、まさにそのような問題を解決する思考です。例えば、これらはすべて「どうあるべきか・いかにして」を考える企画の問題ですから、ブレイクスルー思考を活用することで解決できることになります。最近の企業トップが社員に求めていることは「会社の未来や新たな価値の創造」「現状変革・革新」に関することが多いようですが、困ったことにこのようなことを考えるブレイクスルー思考はまだホンの一握りの人たちにしか知られていないのです。これをもっと多くの人たちに知ってもらい活用してもらうのがこの本の目的の１つです。ここまでこの本をお読みいただいた皆さんなら「ブレイクスルー思考を使ってこうすれば…」ということはイメージできると思います。

　次にいくつかの活用の効果をご案内しておきます。それぞれどんなシーンでどう活用すればいいのかが思い浮かぶでしょうか。

〈ブレイクスルー思考の考え方を取り入れれば〉
例えば・・・・
◆あらゆる場面での創造性と効果性が開発され、自分のパフォーマンスが向上する
◆見えない未来（ビジョン）を見せて周囲を動かす（リーダーシップ）
◆無駄がなくなる⇒超タイムマネジメントで労働時間削減・働き方改革

◆異質的差別化で一味違ったビジネス・トップランナーをいく
◆組織内の分裂を防ぎ・対立解消・考えを統合できる
◆ものごとのつながりが見え、実行・実現システムを設計できる
◆３つの質問で他人を育成できる

（何のため？どうなりたいの？どうすればいいの？）

| 何のためにするの？ | → | あるべき姿は？ | → | そのためには？ |

　最後にある「３つの質問で他人を育成する」について少し説明を加えます。この３つの質問は目的フェーズ・未来解フェーズ・生解フェーズに対応しています。例えば皆さんの後輩が何か提案をしてきたとしましょう。その場合にすべて話を聞いた後「なるほど、これは何のためにやるの？目的は何？」と問いかけて下さい。その答えが明確でなければ再度考えてからその提案を持ってくるように伝えます。そして後日その目的が明確であればさらに「なるほど、それではその結果どうなったらいいの？そのあるべき姿は？」と問いかけるのです。求める理想のゴールが見えてなければ、当然そこへ進む方法が見いだせないため次の質問にも答えられないでしょう。最後は「なるほど、ではどうしたらそれが実現できるの？その仕組みは？必要なものは？それらはどのように確保するの？」

　これはまさにコーチングとしての質問ですね。あなたは後輩にブレイクスルー思考の全体像を教えなくてもこうして彼らを導いていくことができます。またこれを自問自答すれば、セルフコーチングや自己リーダーシップとして自分自身を育て導いていくことができます。

4. 目的を考えるだけでも効果性が向上する

　このようにブレイクスルー思考の活用については思考フェーズ全体だけでなくその一部分だけでも活用すれば様々な場面で効果を発揮します。例えば、目的を考えるということだけでも日常の仕事に取り入れることができれば、それだけであなたのパフォーマンスは格段に向上するはずです。例えば下記の場面ではどうでしょう？

〈目的を考えるだけで効果性がアップする〉
　　◆会議の目的を明らかにし、計画と準備をしてから参加する
　　◆メールを発信する前に、文面と相手に求めることの合致を確認する
　　◆コピーをとる時に、使用目的を確認しコピーサイズを決める
　　◆電話をかける時に、自分の目的やその電話のゴールを意識する
　　◆プレゼンする前に、その目的（プレゼンで求めること）を明確化する
　　◆目的不明の仕事は、やめられないか・他のやり方を考える
　　◆無駄をなくす⇒超タイムマネジメントで労働時間削減・超働き方改革
　　◆ミッション（目的）に直結する仕事を優先する

　（超働き方改革）

　| 懸命に働くだけでなく、「賢明」に働こう！ |

　日常的にありそうなシーンを並べましたが、中ほどにある「プレゼンテーション」について事例を示します。私は長く外資系の企業に勤めていたためプレゼンを受けることがたびたびありました。また後年ではリーダー層にプレゼンの仕方を教えたり、トレーニングすることもありました。企業内のプ

レゼンの多くは、何らかの問題解決にかかわるビジネスプレゼンですが、ブレイクスルー思考に照らし合わせて、そこで散見された思わしくないプレゼンを2つご紹介します。
　1つはプレゼンの内容が現状分析から始まり問題の指摘が中心で解決策にはほとんど触れられていないようなもの、あるいは解決策は意識を高めることや新しい部門をつくることなどとなっているものです。意識を高めることで問題が解決できるのでしょうか？　またこのご時世に新しい部門をつくるにはかなりの投資が必要ですが、部門をつくるとそれで問題が解決されるのでしょうか？　なぜ、現存する部門でその問題は解決できないのでしょうか？　新たな疑問がたくさんわいてきてしまいます。これらのプレゼンに共通なことは問題指摘に多くの時間を使い解決策（how）のプレゼンになってないということです。問題の指摘はだれでもできますが、こちらが欲しいのは解決策それもシステムモデルでいえば処理プロセスつまりhowの部分です。そこが曖昧模糊としておりブラックボックスだけになっているのです。これは解決システムのないプレゼンです。
　もう1つの不適切なプレゼンのスタイルは、そのプレゼンでこちらに何を求めているのかがわからないものです。ビジネスプレゼンの最終目的は相手の心を動かし相手から何かを引き出すことです。ビジネスプレゼンですから単に理解を得るだけではゴールになっておらず、解決策実行のために相手から何らかの行動やリソースの提供などが引き出されなければなりません。そこで関連する質問を投げかけてもプレゼンター自身がプレゼンの目的をわかっていない場合が多いのです。これは目的が不明確なために生じる現象です。ブレイクスルー思考を学んだ皆さんであれば、このようなプレゼンはありえないでしょう。

5. リーダーシップの発揮に活用する

　組織・集団または個人を何らかの方向に導いていくためにはリーダーシップの発揮が求められます。私はその最低要件は方向性を明確に示す（lead）こととそれに対して周囲が自発的についてくること（follow）だと思っていますが、ブレイクスルー思考ではその2つの要件を確保することができます。

　方向性を示すためには、周囲に対し目指すあるべき姿を示すことです。組織内であれば場の設定（現組織の状況）を明確化し、あなたが今感じている課題に対し、メンバーにはまだ見えていない新たな目的と価値観から導かれた未来のあるべき姿（＝ビジョン・将来像）を明確に示すことでしょう。それは通常何らかの変革・革新（イノベーション）を伴いますので、特にマネジャー的な業務を担当されている方なら、日常のマネジメント機能（この方向での適切な業務遂行）の前にこのリーダーシップ発揮が必要不可欠ですが、そもそも明確なビジョン（あるべき姿）を示せないマネジャーが散見されます。

　またメンバーが納得してあなたについてくるためには、響創対話による参画巻き込みが活用できます。最初のプロセスからメンバーとともに考えていくことで、同時共有を図りメンバーが自発的にフォロワーになっていくことが理想ですが、その作業をあなた一人でやってしまったとしても、メンバーには何のためにその方向をめざすのか？　について理解してもらうことが必要不可欠です。またその場合でもせめて、どうやってそれを実現するのか？　というシステムを構築することだけでもメンバーとともに考えたいものです。

　因みに第Ⅲ章の事例に登場したMマネジャーは、まさにこれを実践しようとしたものです。

6. 能力開発での活用を考える

　この本をお読みになっている方には、組織内で何らかの形で能力開発や人材開発にかかわっているような部門に属する方も多いと思います。次にその観点からブレイクスルー思考の活用を考えてみます。やや概念的な表現が並んでいますが、図４－５は各思考フェーズに切り分けて、開発されるであろう行動特性や能力の観点からまとめてみたものです。具体的な仕事の様々な場面で、人間や目的そして未来解や生解を考えてその行動を繰り返せば、二次的に下記のような特性や能力を開発することができると思います。

　本ケースの事例でも一部取り上げましたが、人材開発部門を運営していた時の「場の設定」への気づきの事例をご紹介します。

　同僚メンバー５人と、ある研修の実施について打ち合わせをしていたのですが話がうまくかみ合いません。「何かおかしいな？」と思い、そもそもこの研修を実施する目的について一人ひとりの考えを述べてもらったところ、あるメンバーは担当者としての自分を主役として目的を考え、別の担当者は出資する経営者の立場で考え、私は受講者の立場で考えていたのです。最初から考える場のすり合わせをせず研修実施について話し合っていたのですが、場の設定が共有され目的が共有された後は手段としての研修実施はすぐにまとまっていきました。

　ビジネスは特定解を求めるのがほとんどなので、まずは場を特定することの大事さに気づかされました。

　また上記の部門の方であれば、国が進めようとしている社会人基礎力や高度デザイン人材の育成に関心があると思います。ブレイクスルー思考の各思考フェーズの実践で社会人基礎力ではアクションとシンキングの各能力が鍛えられ、デザイン能力が鍛えられていくことは間違いないでしょう。

第Ⅳ章　ブレイクスルー思考を活用しよう

人　間	場の設定→多様性対応・特定解・オリジナリティ・お客様志向 参画・巻き込み・共有→実行の確保
目　的	目　的　→ 効果性・成果志向・主体性(当事者意識・意欲) 　　　　　・本質洞察力・創造性・統合力 目的展開→ 創造性開発・発想力・ミッション創造・ 　　　　　再定義能力・先見性・差別化 価値(観)→ 未来価値創造・目標設定力
未来解	コンセプト創造・創造性開発・先見性・方向性(リーダーシップ) ・デザイン思考・俯瞰力・ビジョン創造
生　解	実行力・システム思考・効果性・変化対応力・関係構築力・管理能力・論理的思考力・全体把握力

国(経済産業省)が進める「社会人基礎力・高度デザイン人材」の開発ができる

図4－5　ブレイクスルー思考でビジネスの必須能力が磨ける

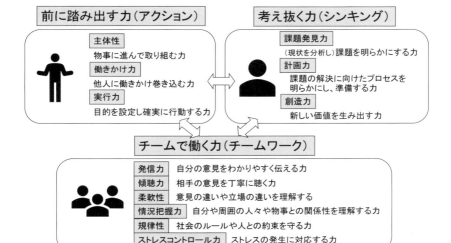

図4－6　ビジネスに必要な社会人基礎力（経済産業省）

次にブレイクスルー思考の４つの思考フェーズをそのまま活用する事例を３つ紹介します。

7. 自律的キャリア形成に活用する（事例１）

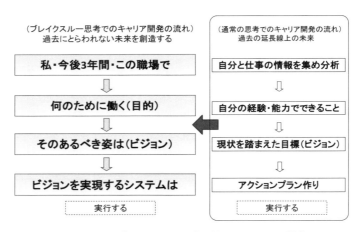

図４－７　ブレイクスルー思考を活用したキャリア開発

～理想のキャリアビジョンを考える～

　図４－７の右側は、通常私たちがキャリア形成を考えるときの流れです。左側のブレイクスルー思考を活用した流れとの最も大きな違いは、キャリアを過去や現在の延長線上にしかないと捉えるのか、それとも過去や現在に縛られることなく自由にデザインしていくべきと捉えるのかという考え方の違いです。企業など組織の中でのキャリア形成を考えると、やはり過去・現在の延長線上で考える方が無難かもしれませんが、それではこれから新たなキャリアを築いていくというエネルギーはなかなかわいてこないものです。しかし昔と違って、今は「変幻自在なキャリア（Protean Career）」といわれ

るように、特定の企業などに生涯帰属するようなキャリアではなく、個人の選択によるより短期的な自由契約での働き方ができる時代となっています。

　どのようなキャリアを目指していくのかを考える際、拠り所として使われものにシャインの「キャリアアンカー」があります。これは、私たちの①才能・能力、②動機・欲求、③態度・価値観の３つによって構成されています。このうち、過去や現在の上に成り立つと思われるものは才能や能力でしょうが、私は才能や能力は変化する自分の動機や欲求、態度や価値観によって新たに獲得できるものと考えています（リスキリング）。

　また、組織内で私たちのキャリアに大きな影響を与えるキャリア形成の大きな要素として、現在における周囲との関係性や持っているネットワークがあります。特に直属上司との人間関係があり、これは業績や評価よりも大きな影響がある場合もあります。しかし現在の関係性を変えられないものととらえるか、どのようにでも自分の思い（目的）次第で今後の関係性やネットワークを変えることができると考えるかは、人によって異なるでしょう。もちろんブレイクスルー思考では、システム観の立場から新たな関係性システムをつくることはいくらでも可能と考えています。

　日経新聞の最終面の「私の履歴書」という欄には様々な方が自分のキャリアについて語っています。そこで共通していることは、そのとき偶然にある人と出会いあるいはある事態が生じそれを機会として自分のキャリアが大きく変わっていったということです。ブレイクスルー思考では、キャリアはもちろん何かを成し遂げていくためにまず人間フェーズで関係者の心と行動をどのように変えていくか（参画巻き込み）を考えていきます。

　ところで通常私たちが自分のキャリアを考えるのは、毎日のことではなく、自分自身や環境に何らかの変化があったときです。昇格・降格・転勤、倒産・吸収・合併・転職、結婚・離婚・出産・育児・介護・病気そして現在

では自然災害など、私たちは予期せぬことが起きるあるいは予期していたことが起きないなど様々な変化に直面します。私はそのような時はむしろ自分を変える機会に直面していると考え、ブレイクスルー思考で新たなキャリアを考えていくことが理にかなっていると思います。

　私たちは過去や現在にとらわれることなく今後の自分の活躍の舞台を設定し、自分の生きる目的、働く目的を考えそれを展開することで自分の求める真の目的を発見し、さらに自分が大切にしたい価値観を反映した自分の考えるあるべき理想のキャリア像（キャリアビジョン）を明確に描いていくべきです。そしてそのビジョンを実現するためのシステムモデルを設計し、周囲にある既存のネットワークシステムとの相乗効果をはかり、必要なリソースを準備してその実現にむかって踏み出していきます。これこそまさに主体的・自律的キャリア開発（形成）ということがいえるでしょう。

8． 新商品開発・新サービス開発への活用（事例２）

～三菱電機「切れちゃう瞬冷凍A.I.」の開発～
　これは日比野博士が関わった三菱電機のブレイクスループロジェクトの中で実際に開発された新商品事例で、日本企画計画学会の機関紙「企画計画」第8巻に開発者本人が投稿され公開されています（図4-8は、読者の皆さんの理解のため開発者の講演やこのプロジェクトを率いた日比野博士の「パパママ創造理論」の記述や講演などに沿って一部表現を変えて引用抜粋・再構成しています）。

　開発は次のように、4つの思考フェーズに従って進められました。このプロジェクトは同社の工場ごとに進められていき、舞台となった静岡工場は冷蔵庫を製造していたため、当時各社がしのぎを削っていた冷凍冷蔵庫の開発

で新商品を企画することになりました。このプロジェクトの参加者は工場で製造にかかわる当事者たちで構成され、そこには一人の女性エンジニアが含まれていました。実はこの女性が開発の主人公となっていったのです。当時はまだ冷凍冷蔵庫は肉や魚などの食品を小分けして長期に保存するため、各社は収納容量を競っており冷蔵庫はどんどん大型化されていった時代です。

【4つの思考フェーズ】

　まず**人間フェーズ**における場の設定ですが、当初は冷蔵庫を専ら使う人から考えて「家庭の主婦で今後10年間」と仮決定しました。

　次に**目的フェーズ**ですが図に示してあるように、冷凍冷蔵庫の目的を「食品を冷やす」から目的展開し「食品を保存する」「食品の鮮度を保つ」あたりで行き詰まってしまいました。そこで日比野博士から「過去5年間で冷蔵庫を買った人は手を挙げてください」と投げかけたところ数十名の参加者で手を挙げた人は誰もいませんでした。確かに冷蔵庫というものはそれほど故障もなくいったん購入するとなかなか新しいものに買い替えることがありません。

　そこで新しく冷蔵庫を購入する人は誰かを考えてその人を主役とすることに変更したところ、それは新婚夫婦だということになりました。確かに新婚夫婦であれば、それまで二人が各々使っていた小型サイズの冷蔵庫ではなく、新しい家庭で使う、より大きな冷蔵庫が必要になることは間違いありません。また当時は夫婦共働きが一般的になりつつある時代でしたので人間フェーズの場の設定に戻り、主役を「忙しい共働きの新婚夫婦とし、新しい家庭で新生活のスタート時」という場に変更しました。

　これにより更に目的展開が進み「買い物頻度を抑える」からついには「時間を創る」という着眼目的に至りました。それはカチカチに凍っている肉や魚などの食材を新婚夫婦が帰宅してすぐに調理に取り掛かろうとしても解凍

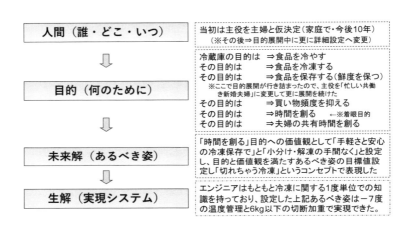

図4－8　新商品・新サービスの開発
～『切れちゃう瞬冷凍A.I.』の開発ストーリー～

に多くの時間を要し、なかなか調理に取り掛かれないという問題（心にひっかかる事項）を抱えていたからです。もしこの問題が解消できれば夕食後の団らん時間などを創ることが出来ると考えたのです。ここで冷蔵庫の目的が「時間を創る」と再定義されここからはこの新たな課題に挑むことになったのです。

未来解フェーズでは、この着眼目的に「安心の冷凍保存で」「解凍の手間なく」という価値観が設定され、その究極のあるべき姿はこれまでと同じ冷凍保存能力を維持しつつ、解凍時間ゼロで調理できることとなり、その目標値は、冷凍保存能力２～３週間、６ｋｇ以下の切断荷重でそのまま包丁で切れるという形で設定されました。この時のあるべき姿のコンセプトは「切れちゃう冷凍」で、これがその後の商品名につながっていったようです。

　最後の**生解フェーズ**でこれを実現するシステムを構築するわけですが、そこはそれほど困難ではなかったと聞いています。なぜならそこに参画してい

第Ⅳ章　ブレイクスルー思考を活用しよう

たエンジニアは、1度単位での冷凍に関する知識を有しており、マイナス7度の状態で冷凍保存すれば、それらが達成できることがわかっていたそうです。ただエンジニアには、このような新たなコンセプトを創造したり、その知識をどう活用したらよいのかを考える機会がなかったのかもしれません。

このようにして開発された三菱電機の「切れちゃう瞬冷凍A.I.」は爆発的なヒット商品となり、その後もまさに生解（Living solution）として「未来の棚」に載せられた開発コンセプトが次々と実現化されています。

9. 小説のシナリオ作成に活用（事例3）

最近ではモノづくりから離れて人づくりやコトづくりにまでブレイクスルー思考の活用が及んできているとお伝えしましたが、これはあるコンテストに応募した小説のシナリオ作成にブレイクスルー思考を活用したという大変珍しい事例です（以下の解説は作者からお聞きした話を私が再構成したものです）。

ここでの活用のポイントとしては、場の設定（主役と舞台の設定）、目的・あるべき姿（小説のゴール）、システム（ストーリー構成）というブレイクスルー思考の4つのフェーズと小説づくりの親和性に着目し、小説のプロット作りに応用した点です。

このコンテストの課題は、「空想アニメ」、つまりこんなアニメがあったらいいな、という架空のアニメのシナリオをつくることです。キーワードとして「邂逅」、「まだ見ぬ青を探して」が、さらに「イラストレーターが作画した4人の若い女性」が提示されました。

作者は、場の設定により、主役を学生時代に弦楽カルテットを組んでいたメンバーとして、それぞれのプロフィールや個性を詳細に設定しています。活躍する舞台（場）は、提示されたキーワードに因んで、「オホーツク海」

の街とし、そこに暮らす人々との出会いと交流が物語の場となっています。

続く「目的とその展開・着眼目的」への流れは「まだ見ぬ青を探す」を最初の目的として目的展開し、「４人にしかできない演奏、４人の絆を発見する」ことを最終着眼目的に設定しています。

あるべき姿に関して、小説では、ジャンルによっては現実離れした飛躍が許され、そのストーリー展開が面白みの一つになっています。ブレイクスルー思考でも、まずは「究極のあるべき姿」という現在の科学・技術では実現不可能なファンタジー・フィクションの世界を夢見て、そこから実現するあるべき姿を導いてくる流れとなりますが、ここでは空想アニメ小説として究極のあるべき姿を反映しています。

「生解フェーズ」では、エンターテインメント系の小説や映画のシナリオなどの作品づくりに使われるフレームワーク、「三幕構成」とブレイクスルー思考のシステムモデルを組み合わせています（図４-９参照）。三幕構成の基本構造は、「設定」「対立」「解決」となっており、そのプロセスを通して主人公が挫折し、それを乗り越え成功していくのが基本的なストーリーです。「設定」「対立」「解決」システムの要素として、人間、モノ、情報、環境を配し、大まかなシナリオを作成し、文章化していったとのことです。

この作品は以下のQRコードまたはURLで閲読可能となっています。

https://monogatary.com/episode/476359

第Ⅳ章　ブレイクスルー思考を活用しよう

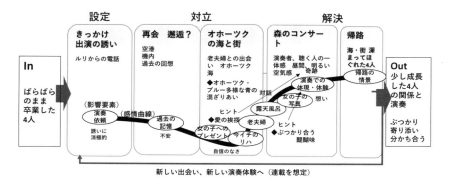

図4-9　三幕構成と組み合わせたシステムモデル

10. 様々な分野で活用されているブレイクスルー思考

　下のリストは、書籍などで公開されているブレイクスルー思考の様々な実践場面での活用事例です。残念なことに最近では、実際の事例がこのような形では公開されなくなっています。

【商品開発】　目的の再定義でヒット商品や製品を生み出す
　　◆ジェットタオル（水を切る）
　　◆切れちゃう瞬冷凍A.I.（時間をつくる）
　　◆大沸騰IH（美味しさを醸し出す）
　　◆ポキポキモータ（磁路をエレメント化する）
　　（日比野省三著『パパママ創造理論』、日本企画計画学会学会誌より）
【教　育】　中京大学他
　　（日比野省三著『イノベーションマーケティング』より）
【行　政】　岐阜県・名古屋市・臼杵市
　　（日本企画計画学会学会誌より）

221

【ビジネスモデル・MVV】　多　数
【経営に取り入れていることを公言した経営者】
　　◆セブン&アイ・ホールディングス　鈴木元会長・社長
　　◆TOTO　木瀬元会長・社長

　これらの実践事例で注目すべきことは、これらはよくある後付け解釈などではなく、最初からブレイクスルー思考を使って考え出したものだということです。新商品や新サービスの開発に活用した例は数多くありますが、ここに掲げたものは日比野博士が、実際にかかわって開発された商品の一部です。カッコ内はその時の着眼目的として取り上げたものです。
　なかでも、ジェットタオルは最近では世界中に普及しており、従来のペーパータオルに比較するとメンテナンスコストが1/70ぐらいに削減され、膨大な紙の廃棄がなくなり結果的に、環境対応としても優れていますから、今や世界中の公共施設に広がり日本では家庭用のものまで普及してきています。この商品開発では「手を乾かす」から「水を乾かす」などと順次目的が展開され、行ったり来たりを繰り返しながら最終的に「水を切る」という斬新な目的に至ったことがポイントとなったそうです。従来のように「手を乾かす」ための解決策ではなく、目的を再定義して「水を切る」ための解決策を考えていったのです。そして第Ⅲ章のコラムでも一部ご紹介しましたが、パパママ創造理論により、異分野でこれと同じ目的である「切る」を達成しているものとしてハサミを想定し、その仕組みを同工場の研究対象である風でなしえることを考え「空気のはさみで水を切る」というコンセプトをも導きました（日比野省三著『パパママ創造理論』より一部再構成して抜粋引用）。
　ブレイクスルー思考を会社全体に取り入れていることを公表している事例としてはTOTOが挙げられます。同社の学会誌への投稿では、ブレイクスル

ー思考を会社全体で推進した結果、同社のビジネスモデルなど特許出願件数が大幅に増加したことが報告されています。同社の元会長・社長であった木瀬照雄氏はブレイクスルー思考を活用した経営について、何冊かの著作を発表しています。また、日経新聞の「私の履歴書」欄でもそのことを公表されています。
　さらに、リストには挙げませんでしたが、ブレイクスルー思考を使った人材開発の事例として沖縄県・高知県・三重県などの活用事例が報告されており、私自身も教育部門に身を置いていた時代には教育体系の確立や個々の教育研修の開発に多く取り入れていました。また、世界各地のブレイクスルー思考センターからも活用事例が数多く報告されていますが、人材開発への注目すべき事例としてイスラエルのブレイクスルー思考センターを主宰するDr. N. Kaminkaの報告によると、同国では公立小学校の正規教科としてブレイクスルー思考が取り入れられているとのことです。子供のころから人間にとっての適切な目的とあるべき姿を考えそれを実現するシステムさえも考えられるようになっていくということを考えると、日本でも何らかの形でもう少しこのブレイクスルー思考が普及していくことを願ってやみません。
　数年前あるところからの依頼で「小学校におけるプログラミング教育の導入」についての私見を述べましたが、最近は小学生によるサイバー犯罪も増えてきており、補導された子供の話によると、バーチャルの世界での遊びとしてプログラミングしたことが現実の世界で他の人に損害や損失をもたらすという意識はほとんどないそうです。小学校ではまだ前段階としてプログラミングそのものではなくプログラミング的な思考を養うこととされており、内容は自分の意図したことを実現するために論理的な思考力を養うとされています。自分の意図したこととは何か、それは適切なのか—などなど、目的を考えていく力も併せて強化したいものです。

この章のポイント

1. ブレイクスルー思考の活用として、まず日常の生活や仕事の中である程度時間や手間を要する行動をとる前には、必ずその目的を考えるということから始めよう。

2. 次の段階としては、状況に応じてシステム観で仕事をとらえてみたり、各思考フェーズ単体での考え方を取り入れてみよう。

3. ブレイクスルー思考の全フェーズの活用についても、例えば歓送迎会や会議など身近で実態を伴う企画から始め、次第に目に見えないモノゴトへ活用を広げていこう。

第Ⅳ章　ブレイクスルー思考を活用しよう

「先駆的賢人」のブレイクスルー思考

　ナドラー・日比野の両博士は、モノ中心のワークデザインから人間中心のブレイクスルー思考に切り替えるにあたり、多くの成功者たちにインタビューをしました。その結果彼らが問題解決にあたりどのようにそれをとらえ、どのように解決していくのかについて多くの共通点があることがわかったそうです。その共通点こそがまさに本書で紹介したブレイクスルー思考です。両博士は彼らを「先駆的賢人」と呼びましたが、業種別調査によると彼らは全体の３％〜８％の割合で存在していたそうです。

　私の経験でも、企業内などでブレイクスルー思考を紹介すると「これは自分の考え方と同じだ。これまでの自分の考え方に確信が持てた」という声を聞くことがあります。ブレイクスルー思考のことを知らなくても、生れつきこのような考え方をもっている方がいるということですね。皆さんはいかがですか？

　私自身はもともと全くそのような考え方は持っておりませんでした。学生時代は数学が好きで、問題の前提を整理し、それに応じて論理的プロセスで１つの正解を導き出すということには、どれだけの時間やエネルギーを割いても一向に苦になりませんでした。しかし学生時代はそれでよいとしても社会へ出ると世の中は理屈の通らない不条理・不合理の連続で大いに困惑しました。合理性といっても人間世界における「理」は、人間（社会）や状況によって異なることを受け入れるまでには相当の時間を要しました。

　そのため社会に出てから「先駆的賢人」で出会ったときには戸惑いを感じたものです。

　記憶の中の例を２つ挙げます。１つは受験間近になった子供に家庭教師をお願いしたときです。私は参考書に従って最初から順序立てて教えてくれるものと思っていましたが、先生（東大生）は「残された時間と受験する学校を考えると過去問をやります。要するに試験に合格して入学できれ

ばよいのですよね」と主張し、結局それに従ったせいか子供は無事合格することができました。「そんなことでいいのか」と思いつつも結果を見ると、彼は勉強という手段ではなく合格という目的を明確にしてからその実現方法を残された時間で考えていたのです。「なるほどそういう考え方もあるのか」とその学生を見直しました。

　もう1つは日本の企業から外資系企業へ転職した時です。それまで私は仕事というものは手順を踏んで完璧を目指すものと思っていましたが、彼らの文化では、仕事とはできるだけ少ない時間とプロセスでゴールと目指す成果を獲得することと考えていました。省略できるところはすべてカットして早く成果を刈り取り、次の仕事に取り組むことが大事で、後日そのことで細部の問題が生じたら戻ってその部分の手当をすればよい、というものでした。一見するといい加減に見えますが、見方を変えれば彼らはレギュラリティに従い社内で取り組む自分の仕事に関して主体性と責任を持っており、その中で最大成果をめざし自責で仕事に取り組んでいるともいえるでしょう。

　一言でいえば「スピード」とか「タイムマネジメント」ということなのでしょうが、彼らも3％～8％存在するという「先駆的賢人」だったのかもしれません。

主な参考文献

- 「企画の賢人」
  2014年　創美CCラボ　日比野省三著
- 「新ブレイクスルー思考」
  1997年　ダイヤモンド社　J. ナドラー・日比野省三著
- 「非凡ブレイクスルー思考（Extraordinary Breakthrough Thinking）」
  2017年　三恵社　日比野省三著
- 「SOLVE」
  2014年　EBT出版社　J. ナドラー・日比野省三著
- 「パパママ創造理論」
  2004年　講談社　日比野省三著
- 「企画計画」各巻
  日本企画計画学会編

学会ご紹介

〈日本企画計画学会〉

　日本企画計画学会は、解決策創造のための、哲学、アプローチ、道具論にかかわる新たな「思考パラダイム」を研究開発し、世界に普及することにより人類の英知と幸せに貢献します。
　1989年設立　初代会長　中京大学名誉教授　日比野省三（学術博士）
　ホームページ：http://www.bttnet.com/jps/teikan.htm

〈日本企画計画学会　東京支部〉

　東京支部は学術団体ではなく、ビジネスパーソンを中心とした気楽な集まりです。会員には様々な業種の方がいらっしゃり、ちょっとした異業種交流やサードプレイスにもなります。
　毎月1回の定例会では、現実課題をテーマにブレイクスルー思考を使い会員相互で解決策を考えることで、解決のヒントを得るとともにブレイクスルー思考の活用トレーニングとします。新入会員には寺子屋形式の学習会が開催され、どなたでも入会しブレイクスルー思考を学ぶことができます。
　2011年設立　支部長　松永譲治
　ホームページ：https://www.breakthrough-tokyo.com/
　メールアドレス：jpsjmc-hp@yahoo.co.jp

東京支部のロゴマーク

著者プロフィール

松永　譲治（まつなが　じょうじ）

早稲田大学商学部・放送大学教養学部卒。
日米の損害保険会社数社に勤務し、財務・営業・営業企画・推進・変革・教育・人材開発などを経験したのち、JMCを設立し人材育成の一環として企業内研修や教材開発・執筆・講演などを手掛ける。ブレイクスルー思考上級インストラクター。

公職に日本企画計画学会東京支部支部長。主な寄稿に「解決困難な課題はブレイクスルー思考で考えよ」2011年・人材教育、「ブレイクスルー思考における創造性の源泉」2013年・企画計画、「プログラミング教育におけるプログラミング的思考に関連して」2017年・電機連合NAVI、「システム観とブレイクスルー思考」2020年・企画計画、連載「あるべき姿を実現する　ブレイクスルー思考」2022年・日本バリューエンジニアリング協会、連載「生産性を高めるビジネススキル―ブレイクスルー思考のすすめ」2023年・生産性新聞など。

目的志向と目的思考を強化する
改訂版　ブレイクスルー思考Ex
―ミッション・ビジョン・バリューを創造する―

2020年8月20日　初版発行　　　　　　　ISBN978-4-88372-616-5　C3034
2024年10月15日　改訂版発行
　　　　　　　　　　　　　　　　　　　定価1,980円（本体1,800円＋税10％）

　著　者　松永　譲治
　監　修　日比野省三
　発　行　公益財団法人 日本生産性本部
　　　　　生産性労働情報センター

　　　〒102-8643　東京都千代田区平河町2-13-12
　　　Tel：03（3511）4007　直通
　　　Fax：03（3511）4073　直通
　　　https://www.jpc-net.jp/lic/

印刷・製本／第一資料印刷㈱